"十四五"职业教育国家规划教材

职业教育汽车类专业"互联网＋"创新教材

汽车智能终端的安装与调试

（配实训工单）

主　编　舒　望　刘小兵
副主编　王洪波　陈　刚　侯志华
参　编　陈　露　童大权　田万鹏
主　审　李治国

机械工业出版社

本书为"十四五"职业教育国家规划教材。

本书共分为 7 个项目，内容包括：行驶记录仪的安装与调试、行驶记录仪与软件平台的连接、物流终端的安装与调试、智能硬盘录像机的安装与调试、智能公交报站器的安装与调试、智能 DVD 导航的安装与调试、智能防盗终端的安装与调试。在书后为每个项目配备了任务工单，方便学生的学习。

本书可作为高职高专院校汽车智能技术专业及汽车电子技术等相关专业学生的学习用书，也可以作为汽车类专业和相关技术人员的参考用书。

为了便于读者自主学习、提高学习效率，本书配备了二维码视频资源，可通过手机扫码观看。同时还配有"示范教学包"，可在超星学习通上实现"一键建课"，方便混合式教学。

本书配有电子课件、试卷及答案等，凡使用本书作为教材的教师可登录机械工业出版社教育服务网（www.cmpedu.com）注册后免费下载。咨询电话：010-88379375。

图书在版编目（CIP）数据

汽车智能终端的安装与调试：配实训工单/舒望，刘小兵主编. —北京：机械工业出版社，2020.9（2025.1 重印）
职业教育汽车类专业"互联网+"创新教材
ISBN 978-7-111-66506-9

Ⅰ.①汽… Ⅱ.①舒…②刘… Ⅲ.①汽车-智能终端-安装-高等职业教育-教材②汽车-智能终端-调试方法-高等职业教育-教材 Ⅳ.①U463

中国版本图书馆 CIP 数据核字（2020）第 171814 号

机械工业出版社（北京市百万庄大街 22 号　邮政编码 100037）
策划编辑：葛晓慧　责任编辑：葛晓慧
责任校对：潘　蕊　封面设计：王　旭
责任印制：常天培
固安县铭成印刷有限公司印刷
2025 年 1 月第 1 版第 6 次印刷
184mm×260mm · 10 印张 · 224 千字
标准书号：ISBN 978-7-111-66506-9
定价：39.90 元（含实训工单）

电话服务	网络服务
客服电话：010-88361066	机 工 官 网：www.cmpbook.com
010-88379833	机 工 官 博：weibo.com/cmp1952
010-68326294	金 书 网：www.golden-book.com
封底无防伪标均为盗版	机工教育服务网：www.cmpedu.com

关于"十四五"职业教育
国家规划教材的出版说明

为贯彻落实《中共中央关于认真学习宣传贯彻党的二十大精神的决定》《习近平新时代中国特色社会主义思想进课程教材指南》《职业院校教材管理办法》等文件精神，机械工业出版社与教材编写团队一道，认真执行思政内容进教材、进课堂、进头脑要求，尊重教育规律，遵循学科特点，对教材内容进行了更新，着力落实以下要求：

1. 提升教材铸魂育人功能，培育、践行社会主义核心价值观，教育引导学生树立共产主义远大理想和中国特色社会主义共同理想，坚定"四个自信"，厚植爱国主义情怀，把爱国情、强国志、报国行自觉融入建设社会主义现代化强国、实现中华民族伟大复兴的奋斗之中。同时，弘扬中华优秀传统文化，深入开展宪法法治教育。

2. 注重科学思维方法训练和科学伦理教育，培养学生探索未知、追求真理、勇攀科学高峰的责任感和使命感；强化学生工程伦理教育，培养学生精益求精的大国工匠精神，激发学生科技报国的家国情怀和使命担当。加快构建中国特色哲学社会科学学科体系、学术体系、话语体系。帮助学生了解相关专业和行业领域的国家战略、法律法规和相关政策，引导学生深入社会实践、关注现实问题，培育学生经世济民、诚信服务、德法兼修的职业素养。

3. 教育引导学生深刻理解并自觉实践各行业的职业精神、职业规范，增强职业责任感，培养遵纪守法、爱岗敬业、无私奉献、诚实守信、公道办事、开拓创新的职业品格和行为习惯。

在此基础上，及时更新教材知识内容，体现产业发展的新技术、新工艺、新规范、新标准。加强教材数字化建设，丰富配套资源，形成可听、可视、可练、可互动的融媒体教材。

教材建设需要各方的共同努力，也欢迎相关教材使用院校的师生及时反馈意见和建议，我们将认真组织力量进行研究，在后续重印及再版时吸纳改进，不断推动高质量教材出版。

机械工业出版社

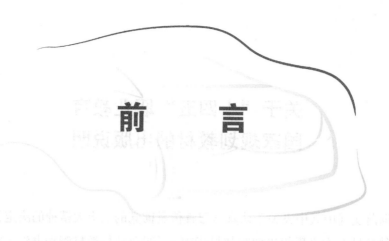

前　言

本书为"十四五"职业教育国家规划教材、"汽车智能技术"专业国家资源库配套教材、双高建设优质教材。

智能网联汽车作为全球新一轮科技革命背景下的新兴产物，其发展已经超越了传统汽车产业范畴，涉及人工智能、信息通信、大数据等新技术和新兴产业，已构建起了新的汽车产业生态。全球智能网联汽车发展呈现出核心技术加速突破、基础支撑加快完善、产业生态渐趋成熟的良好态势，新的汽车时代呼之欲出。汽车的智能化、网联化离不开车载智能终端，需由其对车辆数据进行采集和传输，因此行业对从事这类设备安装、调试、检测、维修的技术技能人才需求量很大。

编者根据湖南汽车工程职业学院和湖南陆通信息科技有限公司合作建设的实训基地"车联网实训基地"中的车联网实训台架，参考企业真实工作案例精心设计各个实训项目。全书共有7个项目，分别以行驶记录仪、物流终端、硬盘录像机、DVD导航、防盗终端、新坐标位置信息服务平台为载体，安排了连接线束的制作、设备的连接与调试、信号的测量与功能验证、新坐标位置信息服务平台的使用、终端与平台的对接等操作内容。通过上述项目的操作，可让学生掌握汽车终端设备的工程规划、布线图的绘制、设备安装与调试、卫星定位监控平台的使用等技能。

本书由湖南汽车工程职业学院和湖南陆通信息科技有限公司合作编写，由湖南汽车工程职业学院的舒望、刘小兵担任主编，湖南汽车工程职业学院的李治国任主审，湖南陆通信息科技有限公司的王洪波、湖南汽车工程职业学院的陈刚和侯志华担任副主编，湖南汽车工程职业学院的陈露、童大权、田万鹏参与编写和数字化资源的制作。其中项目一、二、三、六、七由舒望编写，项目四、五由刘小兵编写，李治国负责全书的审稿，其他人员全程参与项目的设计、研讨、资料的收集与整理工作。在本书的编写过程中，得到相关专业人员的帮助，在此表示感谢。

本书借鉴了大量的国内外相关文献资料，在此向所有参考文献资料的作者表示感谢。

由于编者水平有限，书中难免会存在不妥和疏漏之处，恳请各位读者和专家提出批评和指正，在此表示感谢。

编　者

二维码索引

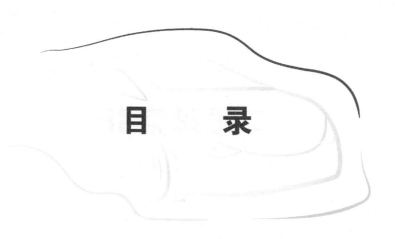

目　录

项目 1

汽车行驶记录仪的安装与调试

🏠 【项目说明】

某物流运输企业新购入一台大型货车，应主管部门要求需要安装一台汽车行驶记录仪。请为该货车设计合理的改装方案、设备布局、安装及走线方式，完成设备的安装、接线、调试并进行相关的测试。性能指标达到要求后，交付客户使用。

🏠 【项目要求】

1. 知识目标

1）能正确讲述汽车行驶记录仪的基本结构和工作原理。

2）能正确讲述物流运输车实训台架的基本结构和工作原理。

3）能正确讲述汽车行驶记录仪线束的制作流程及方法。

4）能正确讲述汽车功能线信号辨别及测量方法。

2. 技能目标

1）能在物流运输车实训台架上完成汽车行驶记录仪、通信天线、北斗定位天线的定位与安装。

2）能进行汽车功能线与汽车行驶记录仪之间连接线束的制作。

3）能在物流运输车实训台架上完成汽车行驶记录仪、通信天线、北斗定位天线、汽车功能线的连接及线束的固定。

4）能在实训台架上完成汽车功能信号的测量。

5）能在物流运输车实训台架上完成汽车行驶记录仪主机的自检。

3. 情感目标

1）树立服务意识、效率意识、规范意识；强化人际沟通、团队合作的能力。

2）培养爱岗敬业的职业道德和严谨务实勤快的工作作风；自我管理自我修正的能力。

3）利用多种信息化平台进行自主学习的能力；制订工作计划、独立决策和实施的能力。

4）培养运用多方资源解决实际问题的能力；准确地自我评价能力和接受他人评价的能力。

5）培养自主学习与独立思维能力。

【相关知识】

一、汽车行驶记录仪概述

（一）汽车行驶记录仪的定义

汽车行驶记录仪是对车辆行驶速度、时间、里程以及有关车辆行驶的其他状态信息进行记录、存储，可通过接口实现数据输出的数字式电子记录装置，简称记录仪，俗称汽车黑匣子。汽车行驶记录仪如图 1-1 所示。

（二）汽车行驶记录仪的功能

2004 年 5 月 1 日起施行的《道路交通安全法》的实施条例第 14 条规定：用于公路营运的载客汽车、重型载货汽车、半挂牵引车应当安装、使用符合国家标准的汽车行驶记录仪。

图 1-1　汽车行驶记录仪

欧盟国家及日本等国家早在 20 世纪 70 年代就开始以立法的形式在部分客运车辆及货车上强制安装、使用汽车记录仪。

我国各地客运公司、物流公司、旅游公司及危险品运输公司、公交集团及企、事业单位也都在陆续安装汽车行驶记录仪。

国内外的使用情况表明，汽车行驶记录仪为国家行政管理部门提供了有效的执法工具，为道路运输企业提供了管理工具，为驾驶人提供了驾驶活动的反馈信息，对遏止疲劳驾驶、车辆超速等交通违法行为，约束驾驶人的不良驾驶行为，保障车辆行驶安全以及道路交通事故的分析鉴定具有重要的作用。

汽车行驶记录仪一般应具备以下功能：

1. 自检功能

汽车行驶记录仪通电后会对系统各部件及接口进行检测，自检通过后会有"嘀"的一声响提示用户记录仪开始正常工作。

2. 具有身份识别功能

驾驶人每次开车时利用 U 盘验证身份，汽车行驶记录仪分类保存每个驾驶人的行驶数据。

3. 车辆行驶时间、速度、里程的记录及存储功能

汽车行驶记录仪可翔实记录、存储车辆行驶的时间、速度及里程。

4. 超速报警及记录功能

当汽车超过预先设置的超速阈值时，汽车行驶记录仪会第一时间报警提醒并记录下来。

5. 超时驾驶（疲劳驾驶）报警及记录功能

驾驶人连续驾驶接近 4h 时，汽车行驶记录仪会通过声音提示；超过 4h 时，汽车行驶记录仪就开始记录。

6. 具有事故疑点记录分析功能

汽车行驶记录仪会以 0.2s 的间隔记录事故发生前 20s 的车辆行驶速度、制动等信息。

7. 显示打印功能

可通过液晶 LCD 显示和即时打印最近 15min 内每分钟的平均车速记录、超时驾驶（疲劳驾驶）记录、超速记录及车辆相关信息。

8. 数据通信功能

可通过标准 USB 或串口采集记录仪数据、设置汽车行驶记录仪参数，车辆信息、驾驶人档案的管理功能。

9. 管理软件提供良好的人机界面

实现车辆信息、驾驶人档案录入、修改、查询统计及报表打印功能，以便于科学合理地进行员工调度、车辆维护保养。

10. 驾驶人身份管理

汽车行驶记录仪具有记录驾驶人身份的功能。在每次驾车前，驾驶人需插 IC 身份卡确认自己的代码。

11. 其他相关功能

汽车行驶记录仪除了上述功能外，还具有断电保护、定位跟踪、实时定位监控、限速报警、偏航报警（电子围栏）、轨迹回放、劫持报警、远程数据提取、远程断油断电、信息调度、拍照等功能。

（三）汽车行驶记录仪的结构及工作原理

汽车行驶记录仪一般由主机、通信天线、定位天线以及连接线束组成，其结构框图如图 1-2 所示。

图 1-2   汽车行驶记录仪的结构框图

本项目以物流运输车实训台架为例进行介绍，其卫星定位行车记录仪如图 1-3 所示。

GPS 通过接收卫星信号进行定位或者导航的终端，而接收信号就必须用到天线。GPS 卫星信号分为 L1 和 L2，频率分别为 1575.42MHz 和 1228MHz，其中 L1 为开放的民用信号，信号为圆形极化，信号强度为 −166dBW 左右，属于比较弱的信号。本实训台架的定位采用中国自主研发的北斗定位系统，其天线如图 1-4 所示。

GSM 是线极化天线，用于移动通信，中国移动 GSM 频率：上行 890 ~ 909MHz；下行 935 ~ 954MHz。其天线如图 1-5 所示。

图 1-3   卫星定位行车记录仪

实训台架采用按键开关来模拟汽车功能线，其开关如图 1-6 所示。

图 1-4　北斗定位天线

图 1-5　通信天线

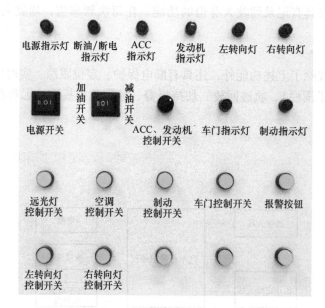

图 1-6　实训台架按键开关

（四）汽车行驶记录仪的技术指标

汽车行驶记录仪的各项技术指标见表 1-1。

表 1-1　汽车行驶记录仪技术指标

终端技术参数				
序号	技术参数	值	单位	备注
1	工作电压	9 ~ 36	V	直流
2	工作电流	<200	mA	DC 12V 测试条件下
3	最大电流	<2000	mA	打印时
4	工作温度	−20 ~ +70	℃	
5	工作湿度	20% ~ 95%		
6	通信模块	北斗定位/CDMA		
7	外形尺寸	155 × 190 × 58	mm	

（续）

序号	技术参数	值	单位	备注
通信模块参数				
8	工作电压	3.4 ~ 4.5	V	峰值电流：<2A
9	外形尺寸	35 × 32.5 × 3.05	mm	
10	工作温度	-20 ~ +70	℃	
11	北斗定位	850/900/1800/1900	MHz	
12	CDMA	1 × 800	MHz	CDMA2000
13	天线	50Ω 全向天线		增益不小于 6db，低损耗同轴电缆
14	天线插头	SL16—K7/J7		BNC、SMA 直角
定位模块参数				
15	工作电压	3.0 ~ 3.6	V	DC
16	外形尺寸	16 × 12 × 2.4	mm	
17	工作电流	50	mA	
18	热启动	<5	s	
19	冷启动	<60	s	
20	比特率	9600	bit/s	
21	时间脉冲	1	PPS	
22	定位精度	<10	m	
23	通道数	20	个	
24	工作温度	-40 ~ +85	℃	
25	跟踪灵敏度	< -160		

二、实训台架工作原理

（一）实训台架布局

在实训台架上的相应位置确定汽车行驶记录仪主机、通信天线、北斗定位天线的安装位置。以物流运输车实训台架为例，实训台架的整体布局如图1-7所示。

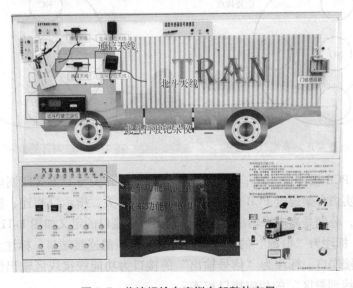

图1-7　物流运输车实训台架整体布局

物流运输车实训台架组成部分主要包括北斗行驶记录仪、汽车功能线模拟区、汽车功能线测量区、北斗天线、通信天线。

（二）汽车模拟功能线区

1. 汽车功能线

汽车功能线模拟区的作用是模拟汽车正常行驶和工作时，各功能信号的输出。实训台架采用按钮和开关模拟汽车功能信号。

汽车功能线模拟区的控制开关包括：远光灯控制开关，空调控制开关，制动控制开关，报警按钮，车门控制开关，左转向灯控制开关，右转向灯控制开关，ACC、发动机控制开关。

汽车功能线模拟区的指示灯包括：断油/断电指示灯、ACC 指示灯、发动机指示灯、左转向灯、右转向灯，参见图 1-6 所示。

（1）控制开关的接线（单刀带灯开关）实训台架汽车功能线模拟区的相关信号采用开关模拟，开关主要为带自锁的单刀带灯开关，其实物和内部电气原理如图 1-8 所示。

汽车行驶记录仪主机内部信号检测电路有

图 1-8　单刀带灯开关
及内部电路原理
a）实物图　b）内部电路图

两种触发方式，分别是正触发和负触发方式。在正触发方式中，汽车行驶记录仪主机检测到汽车功能线模拟区的开关上有 8~36V 的电压信号时，认为该开关的功能被触发。在负触发方式中，汽车行驶记录仪主机检测到汽车功能线模拟区的开关上电压信号为 0 时，认为该开关的功能被触发。两种触发方式的接线分别如图 1-9 和图 1-10 所示。

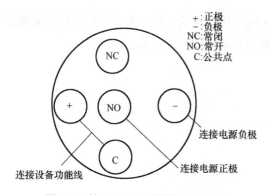 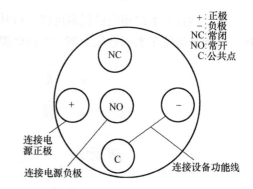

图 1-9　控制开关正触发电气连接图　　　　图 1-10　控制开关负触发电气连接图

（2）功能线 PCB 板接口　汽车功能线模拟区的操作开关与 PCB（印制电路板）通过焊接的方式连接，实训台架通过 PCB 的接口与其他控制开关、指示灯相连，根据输出信号的不同分两种类型，分别是高电平输出和低电平输出。各接口的定义如图 1-11 所示。

图 1-12 中，标注为"电源"的两个接口为 12V 电源的连接端口，标注为"LED"的接口为指示灯的连接端口，标注为"信号输出"的接口为功能线接线区输出信号接口，该接口与"汽车功能线测量区"的相应接口相连。

a)   b)

图1-11 控制开关PCB接口图

a) 低平有效PCB图 b) 高平有效PCB图

2. 汽车功能线信号测量

在实训台架上设置有"汽车功能线测量区",如图1-12所示。

图1-12 汽车功能线测量区

通过该测量区的接线柱可测量汽车各功能信号,具体的测量方法是,通过操作各控制开关,再利用万用表测量图1-12所示红色接线柱和黑色接线柱之间的电压,以用判断实训台架模拟汽车功能信号是否正常。

注意:进行相关测量时,需要完成操作工单中相关表格的填写。

三、汽车行驶记录仪主机连接线束制作

汽车行驶记录仪接线操作区如图1-13所示。

汽车行驶记录仪的接线操作,只需要将"汽车功能线"和"北斗行驶记录仪主机"通过导线连接即可,即将所有的北斗行驶记录仪主机电源和信号线沿黄色线条所示路径从A区连接至B区。

北斗定位天线和通信天线已安装和布线完成,只需要对接即可。

1. 汽车行驶记录仪主机输出接口

(1) 汽车行驶记录仪相关接口说明 北斗行驶记录仪如图1-13所示。

在汽车行驶记录仪的输出接口中,实训操作时主要用到"GSM""GPS""24Pin电源控制口"3个接口,如图1-14所示。

"GSM""GPS"两个接口分别连接"通信天线"和"北斗天线"。

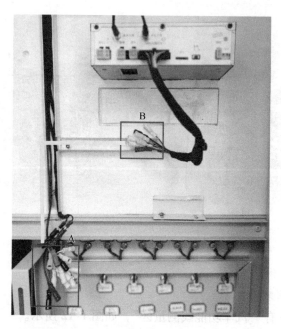

图 1-13 汽车行驶记录仪接线操作区

本次实训操作主要是实现"24Pin 电源控制口"和图 1-13 中"A 区"的汽车功能线相连。该接口引脚序号标注如图 1-15 所示。

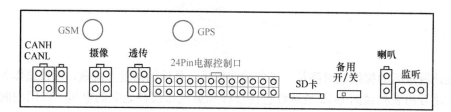

图 1-14 汽车行驶记录仪背面接口图

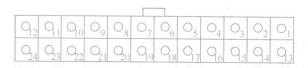

图 1-15 汽车行驶记录仪"24Pin 电源控制口"接口

在进行汽车行驶记录仪的"24Pin 电源控制口"接线时，请参照表 1-2 进行。

表 1-2 汽车行驶记录仪主机"24Pin 电源控制口"接口定义

线号	颜色	功能	方向（I：输入 O：输出）	信号描述
1	粗黑色	电源负极	I	搭铁信号
2	黄色	左转向灯线	I	检测到 8～36V 电压有效

（续）

线号	颜色	功能	方向（I：输入 O：输出）	信号描述
3	橙色	右转向灯线	I	检测到 8~36V 电压有效
4	绿色	远光灯线	I	检测到 8~36V 电压有效
5	灰色	制动信号线	I	检测到 8~36V 电压有效
6	白色	门磁信号线	I	检测到搭铁有效
7	红色	振动传感器检测线	I	检测到搭铁有效
8	棕色	空调检测线	I	检测到 8~36V 电压有效
9	蓝色	发动机检测线	I	检测到 8~36V 电压有效
10	黑白色	速度传感检测线	I	检测到电子脉冲有效
11	细黑色	ACC 检测线	I	检测到 8~36V 电压有效
12	粉红色	喇叭检测线	I	检测到 8~36V 电压有效
13	粗红色	电源正极	I	DC 9~36V 输入
14	黄黑色	自定义高检测线 1#	I	检测到 8~36V 电压有效
15	紫绿色	自定义高检测线 2#	I	检测到 8~36V 电压有效
16	红绿色	自定义低检测线 1#	I	检测到搭铁有效
17	橙白色	自定义低检测线 2#	I	检测到搭铁有效
18	红白色	报警检测	I	检测到搭铁有效
19	紫色	油路控制输出正	O	外接继电器控制信号线
20	紫色	油路控制输出负	O	外接继电器控制信号线
21	橙黑色	自定义输出高信号	O	输出电压为供电电压
22	红黑色	AD 电压检测 1	I	检测电压范围：0~36V
23	灰白色	AD 电压检测 2	I	检测电压范围：0~36V
24	蓝白色	输出 DC 5V	O	输出 DC 5V 电压

（2）汽车行驶记录仪主机接线方法　汽车行驶记录仪与通信天线、北斗定位天线、汽车功能线的连接如图 1-16 所示。

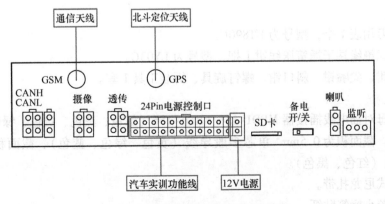

图 1-16　汽车行驶记录仪整体接线图

2. 汽车行驶记录仪主机线束制作

制作主机线束主要的操作要点有：导线长度的测量、导线颜色和线径的选择、导线插头的制作、绝缘布的缠绕。制作完成后的线束效果图如图 1-17 所示。

3. 汽车行驶记录仪主机自检

在汽车行驶记录仪的主界面按"▲键"，进入"快捷信息"菜单，选择"4. 基本状态信息"选项。此时主机屏幕上会出现如图 1-18 所示的界面，说明主机进行主机自检模式，可以通过操作"▲键""▼键"切换到不同的状态界面。

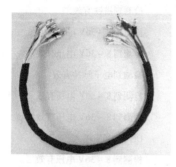

图 1-17　记录仪主机线束效果

图 1-18　主机自检界面

此时，按下实训台架左下区域中的汽车功能开关，能观察到主机显示屏中相关功能的状态发生变化。如果操作相关的功能开关，主机的状态不发生变化，说明汽车行驶记录仪主机和汽车功能开关区的接线不正常，需要进行排查。

🏠 【设备及工具】

1. 设备

1）实训台架。

本项目可在下列 4 个实训台架中的任何一个上实施：物流运输车实训台架、智能公交车实训台架、车联网校车实训台架、两客一危实训台架。

2）计算机 1 台。

3）恒温电烙铁 1 个、热风枪 1 个。

2. 工具

1）数字万用表 1 个，型号为 UT890C。

2）棘轮式绝缘端子插簧压线钳 1 把，型号为 LY03C。

3）剥线钳、尖嘴钳、斜口钳、螺钉旋具、拆装工具 1 套。

3. 实训耗材

1）公、母对插电线插接器 MPD1-156/FRD1-156（红色、黑色、黄色、绿色、蓝色）。

2）导线：截面积为 0.5mm² 单芯多股导线（黄色、绿色、蓝色）、截面积为 0.75mm² 单芯多股导线（红色、黑色）。

3）自锁式尼龙扎带。

4）不干胶小标签贴纸。

5）汽车绒布胶带 1 卷。

6）热缩套管（ϕ2、ϕ3、ϕ4、ϕ5）若干。

7）间距 5557/5559 插接器：2×1P、2×2P、2×3P。

【操作方法及步骤】

本项目的操作主要包括线束的制作、线束的连接、汽车行驶记录仪主机的自检 3 个步骤。

一、布线图的绘制

在物流运输车实训台架上实现汽车行驶记录仪的接线操作时，汽车功能线和汽车行驶记录仪主机之间的连线示意图可参见图 1-13。

1. 快速插头数量的确定

通过查阅学习手册相关内容，并在实训台架上进行验证后，确认图 1-19 所示的 A 区和 B 区快速插头处的插头数量和颜色。

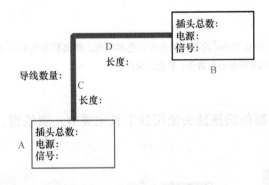

图 1-19　汽车行驶记录仪、实训台架布线图

2. 导线长度的测量

利用卷尺测量图 1-19 所示的 C 段和 D 段的长度，以此计算 A 区到 B 区的导线长度。在计算该长度时，要在快速插头区预留适当的长度。

完成上述两个步骤后，绘制出物流运输车实训台架中汽车行驶记录仪的布线图，将相关信息补充在图 1-19 中。

二、线束的制作

完成布线图的绘制后，接下来进行线束的制作。线束的制作包括导线的选择与裁剪、快速插头的制作、线束的制作 3 个步骤。

1. 导线的选择与裁剪

通过布线图可以确定线束中相关导线的信号类型、长度，接下来根据信号类型确定导线的颜色和线径。

导线颜色的选择一般遵循以下原则：

电源正极选择红色，电源负极和地线选择黑色，信号线可根据需求选择黄色、绿色、蓝色、橙色、棕色等。

导线截面积的选择一般遵循以下原则：

电流小于 1A 大于 0.5A 的主电源线一般选择截面积为 0.75mm^2 的导线，电流小于 0.5A 的主电源线一般选择截面积为 0.5mm^2 的导线，信号线一般选择截面积为 0.3mm^2 或者 0.5mm^2 的导线。

根据上述原则和布线图，完成表 1-3 的导线选择。

表 1-3　导线选择

序号	颜色	截面积/mm^2	长度/cm	数量/根

注：本次实训提供的截面积为 0.75mm^2 的导线颜色有红色和黑色，截面积为 0.5mm^2 的导线颜色有黄色、蓝色、绿色，截面积为 0.3mm^2 的导线颜色有黄色、蓝色、绿色。

2. 快速插头的制作

（1）工具及耗材　制作快速插头使用的工具主要有：剥线钳、电烙铁、压线钳，如图 1-20 所示。

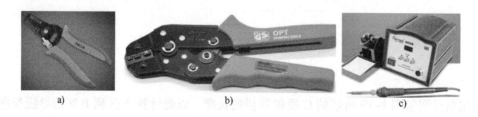

图 1-20　插头制作工具

a）剥线钳　b）快速插头压接钳　c）防静电恒温电烙铁

制作快速插头的耗材有：导线、快速插头、焊锡丝、标签纸，如图 1-21 所示。

本次项目实训台架的"汽车功能线接线区""行驶记录仪输出端口"都采用"母头"，制作线束的两端均采用"公头"。

（2）制作步骤　快速插头的制作步骤主要包括剥线、上锡、压接 3 个步骤。

1）剥线。根据表 1-3 裁剪出所需的导线，如图 1-22 所示。

接下来进行专线的绝缘层剥除，使用剥线钳剥离导线绝缘层时，要根据导线线径选择合适的缺口位置。其操作方法如图 1-23 所示。

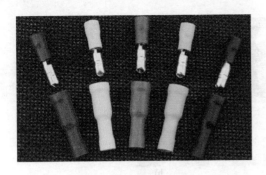

图 1-21   电线插接器

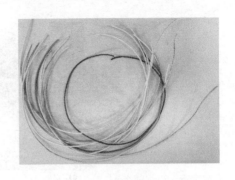

图 1-22   裁剪完成后的导线

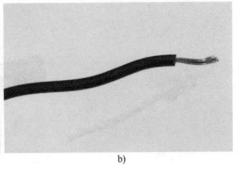

a)

b)

图 1-23   导线剥线操作方法

a）导线绝缘层剥除的操作方法   b）完成绝缘层剥除后的导线

2）上锡。剥除绝缘层的铜线在压接前可利用电烙铁进行上锡，可使得压接完成的插头更牢固。其操作方法如图 1-24 所示。

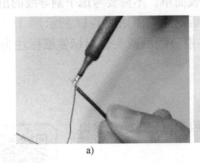

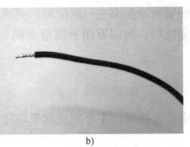

a)

b)

图 1-24   导线上锡操作方法

a）电烙铁给导线上锡的操作方法   b）导线上锡完成后的效果

3）压接。导线上锡完成后，可利用压线钳进行压接。在压接时，压接快速插头的"公头"可选择压线钳的"0.5~1.5"位置，压接"母头"可选择"1.5~2.5"位置。其操作方法如图 1-25 所示。

压接完成后的效果如图 1-26 所示。

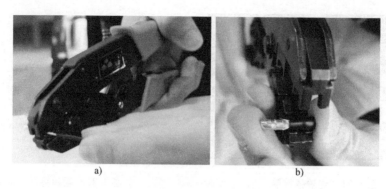

图 1-25　快速插头压接方法

a）导线插入快速插头位置　b）快速插头放入压接钳位置

图 1-26　压接完成后的效果

a）快速插头公头压接完成的效果　b）快速插头母头压接完成的效果

3. 线束的制作

完成所有导线快速插头的制作后，可利用绝缘布将所有的导线捆绑在一起，形成线束。由于本项目中导线的长度都相等，捆绑的方法较简单，不需要考虑个别导线的出线位置，只需要将所有导线紧紧地捆绑在一起即可，完成后的效果参见图 1-17 所示。

线束制作完成后，利用万用表测量出同一根导线的两头，用标签纸标注为阿拉伯数字"1～13"。

三、线束的连接

在进行线束的连接时，主要完成汽车功能线和行驶记录仪输出端口的连接。

1. 行驶记录仪输出端口连接

行驶记录仪输出端口与线束的连接主要参考行驶记录仪输出端口定义进行，参见表 1-2。表中的所有信号并不全部使用，本项目"物流运输车实训台架"使用的引脚有：1～6、8、9、11、13、18、19、22 共 13 根输出线，表中标注红色的为使用的输出线。

2. 汽车功能线连接

在进行"汽车功能线"和线束的连接时，首先要对图 1-13 中"汽车功能线"输出插头

的信号类型进行测量，可利用万用表的通断测量档，测量实训台架
的"汽车功能线测量区"和"汽车功能线"输出插头的通断，以
此来判断"汽车功能线"输出插头的信号类型，如图 1-27 所示。

　　测量出输出插头的类型后，使用标签纸进行标注和粘贴，效果
如图 1-28 所示。

　　根据表 1-2 的信号定义，利用制作好的连接线束将"汽车功能
线"和"行驶记录仪输出线"连接起来，完成后的效果如图 1-29 所示。

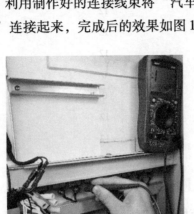

图 1-27　"汽车功能线"输出插头测量方法

图 1-28　标签标注后的快速插头

图 1-29　连接完成后的效果

四、汽车功能信号的测量

　　完成上述连接后，可在实训台架前端的汽车功能线测量区进行汽车功能信号的测量，完

成表1-4的填写。

表1-4　汽车功能信号表

序号	测量点	标准值/V	测量值/V	误差原因
1	左转	12		
2	右转	12		
3	远光	12		
4	空调	12		
5	制动	12		
6	车门	0		
7	报警	0		
8	ACC	12		
9	发动机	12		

五、汽车行驶记录仪主机自检

在汽车行驶记录仪的主界面按"▲"键，进入"快捷信息"菜单，选择"4. 基本状态信息"选项。此时主机屏幕上会出现如图1-30所示的界面，说明主机进行主机自检模式，可以通过操作"▲""▼"键切换到不同的状态界面。

此时，按下实训台架左下区域中的汽车功能开关，能观察到主机显示屏中相关功能的状态发生变化。如果操作相关的功能开关，主机的状态不发生变化，说明汽车行驶记录仪主机和汽车功能开关区的接线不正常，需要进行排查。

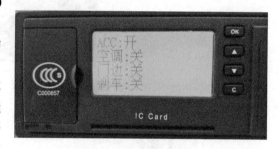

图1-30　主机自检界面

【考核标准】

本项目操作考核根据表1-5进行。

表1-5　考核评分表

序号	操作项目	扣分标准	权重	得分	备注
1	6S操作规范	不遵守安全操作流程，扣5分 不进行工位的6S整理，扣2分/处	10		
2	布线图的绘制	没有进行线束长度的测量，扣3分 线束没有预留长度，扣3分 没有统计接头数量，扣2分/个 没有标注线束导线数量，扣5分	20		

（续）

序号	操作项目	扣分标准	权重	得分	备注
3	线束的制作	导线的颜色选择不正确，扣2分/根 导线的长度裁剪不正确，扣2分/根 导线的颜色选择不正确，扣2分/根 导线的截面积选择不正确，扣2分/根 插头颜色选择不正确，扣1分/个 插头公、母类型选择不正确，扣1分/个 插头压接不牢固，扣1分/个 线束没有标注数字，扣1分/个 线束没有缠绕绝缘布，扣3分	30		
4	汽车功能线与汽车行驶记录仪主机的连接	功能线查找不正确，扣2分/个 汽车行驶记录仪主机输出线查找不正确，扣2分/个 功能线查找后没做相关标注，扣2分/个 功能线与主机连接错误，扣3分/个	20		
5	通信天线、定位天线与汽车行驶记录仪主机的连接	天线与主机的连接不正确，扣2分/个	5		
6	自检操作	不会进入自检模式，扣5分 不会进行自检功能的操作，扣2分/位置	15		

🏠【项目小结】

　　本项目主要在物流运输车实训台架上完成汽车行驶记录仪的布局、线束制作、线束连接、信号测量、主机自检等任务，通过本项目的实施让学生能正确讲述汽车行驶记录仪和物流运输车实训台架的基本结构和工作原理，会制作汽车行驶记录仪的连接线束并进行线束的连接操作，会进行主机的自检及信号的测量操作，培养学生团队合作能力、自主学习与独立思维等情感能力。

项目 2
汽车行驶记录仪与软件平台的连接

【项目说明】

某物流运输企业新购入一台大型货运汽车，应主管部门要求需要安装一个部标汽车行驶记录仪。请完成该汽车行驶记录仪 SIM 卡的安装，完成记录相关设置，并将该汽车行驶记录仪与新坐标位置信息服务平台连接。性能指标达到要求后，交付客户使用。

【项目要求】

1. 知识目标

1）能正确讲述物流运输车实训台架的基本结构和工作原理。

2）能正确讲述汽车行驶记录仪 SIM 卡的安装方法。

3）能正确讲述汽车行驶记录仪 IP 地址、端口号、APN 的设置方法。

4）能正确讲述新坐标位置信息服务平台的使用方法。

2. 技能目标

1）能在汽车行驶记录仪上完成 SIM 卡的安装。

2）能在汽车行驶记录仪上完成 IP 地址、端口号、APN 的设置。

3）能正确地启动新坐标位置信息服务平台。

4）能在新坐标位置信息服务平台中添加并连接汽车行驶记录仪。

5）能在新坐标位置信息服务平台中对车辆进行定位、信息查看及远程控制操作。

3. 情感目标

1）树立服务意识、效率意识、规范意识；强化人际沟通、团队合作的能力。

2）培养爱岗敬业的职业道德和严谨务实勤快的工作作风；自我管理自我修正的能力。

3）利用多种信息化平台进行自主学习的能力；制订工作计划、独立决策和实施的能力。

4）培养运用多方资源解决实际问题的能力；准确地自我评价能力和接受他人评价的能力。

5）培养自主学习与独立思维能力。

若命令带数还未进行发行相关的假设，其中："隐患清理器息"不得单击，若命令行诊断

位，则说没有实施检查实位。

【相关知识】

一、新坐标位置信息服务平台

新坐标位置信息服务平台（V3.0.61）是针对北斗行驶记录仪、物流监控终端、防盗终端、车加宝等智能监控设备开发的一个监控软件平台。该软件的主工作界面如图 2-1 所示。

1. 软件功能

新坐标位置信息服务平台（V3.0.61）功能包括：平台管理、数据管理、地图管理、设备报警、部标检测、分析条件、分析报表、定制报表、定制功能、车辆调度、仓库管理、工程运输，如图 2-2 所示。

图 2-1　新坐标位置信息服务平台

图 2-2　平台功能菜单

图 2-2 中的功能菜单中点击右侧的
"⌄"，可展开对应的功能。

2. 平台的设置

在软件启动后，点击左侧的"系统设置"，弹出系统设置界面如图 2-3 所示。

在系统设置界面中分别有"服务器设置""基本设置""个性化设置""车辆颜色设置""过滤设置""轨迹回放设置""车辆状态定义"。

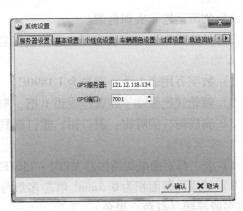

图 2-3　系统设置界面图

客户可根据要求自行进行相关的设置，其中"服务器设置"不能更改，需要与行驶记录仪、防盗终端等设备同步。

二、汽车行驶记录仪系统整体架构

汽车行驶记录仪系统由部标机终端（行驶记录仪）、监控平台、省管平台组成，其整体结构如图2-4所示。

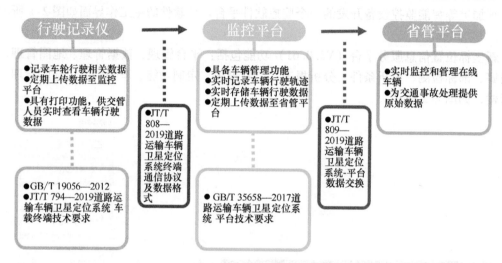

图2-4　汽车行驶记录仪系统结构

在图2-4所示的系统结构中，汽车行驶记录仪安装在"两客一危"车辆中，用以对车辆的行驶数据进行采集，将数据定时上传至监控平台。监控平台为平台服务商所拥有，用以接收汽车行驶记录仪定时上传的数据，并为服务商或车队管理人员提供管理服务功能。省管平台为省级主管部门所拥有，用以接收监控平台定时上传的相关数据，为省级主管部门对强制安装有汽车行驶记录仪的车辆进行实时监控。

🏠【设备及工具】

1. 设备

1）物流运输车实训台架。

2）计算机1台（安装有新坐标位置信息服务平台）。

2. 工具

1）数字万用表1个，型号为UT890C。

2）棘轮式绝缘端子插簧压线钳1把，型号为LY03C。

3）剥线钳、尖嘴钳、斜口钳、螺钉旋具、拆装工具1套。

3. 实训耗材

1）公、母对插电线插接器MPD1-156/FRD1-156（红色、黑色、黄色、绿色、蓝色）。

2）导线：截面积为0.5mm² 单芯多股导线（黄色、绿色、蓝色）、截面积为0.75mm² 单芯多股导线（红色、黑色）。

3）自锁式尼龙扎带。

4）不干胶小标签贴纸。

5）汽车绒布胶带 1 卷。

6）热缩套管（φ2、φ3、φ4、φ5）若干。

【操作方法及步骤】

一、汽车行驶记录仪主机的相关设置

1. 汽车行驶记录仪主机 SIM 卡的安装

⚠ SIM 卡的安装需在汽车行驶记录仪主机断电的情况下完成。

　　汽车行驶记录仪与软件平台之间的数据交互是通过主机上的 SIM 卡实现的，在完成汽车行驶记录仪的接线与自检后需要在主机中安装 SIM 卡。SIM 卡槽的位置在汽车行驶记录仪主机的背面，具体的位置如图 2-5 所示。

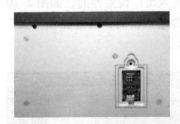

图 2-5　汽车行驶记录仪
主机 SIM 卡的安装位置

　　第一步：打开 SIM 卡安装卡槽。

　　打开 SIM 卡安装卡槽时从图 2-6 中红色方框中位置，沿红色箭头方向将卡槽移动，再向外拉出即可。SIM 卡槽打开后的效果如图 2-7 所示。

　　第二步：安装 SIM 卡。

　　完成第一步操作后，将预先准备好的 SIM 卡插入 SIM 卡槽，部标机支持普通的手机卡和物联卡，插入 SIM 卡时注意红色圆圈中的缺角方向朝上，操作方法如图 2-8 所示。

图 2-6　SIM 安装卡槽的打开方法

图 2-7　SIM 卡槽打开效果

完成上述步骤后，将卡槽向下压，再根据第一步操作时相反的方向移动卡槽，即完成了SIM卡的安装与固定。SIM卡安装完成的效果如图2-9所示。

图2-8　SIM卡插入卡槽

图2-9　SIM卡安装完成的效果

2. 汽车行驶记录仪主机的设置

完成SIM卡的安装操作后，需要对汽车行驶记录仪进行相关设置。汽车行驶记录仪主机通电后，进入IP地址、端口号的设置界面，进入方法如下：

在主界面按"OK"键，通过调整"▲"和"▼"键，选择"6. 出厂设置"，按下"OK"键即进入出厂设置界面，如图2-10所示。

此时需要输入密码，通过操作"▲""▼""OK"键输入默认密码"66668888"，如图2-11所示。

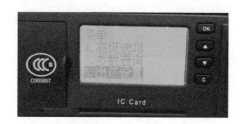

图2-10　出厂设置界面

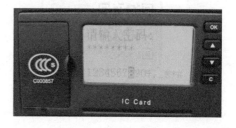

图2-11　出厂设置密码输入界面

密码输入完成后，长按"OK"键即进入出厂设置界面，通过操作"▲""▼"键，选择第3项"＊设置TCP参数"，如图2-12所示。

设置该参数时，请参考如下格式"0，XXX. XXX. XXX. XXX，YYY"，其中X是IP地址，Y是端口号，IP地址输入"121. 12. 118. 134"，端口号输入"7001"。

输入完成后，主机会进入初始化操作，等待主机完成初始化后，重启即可。

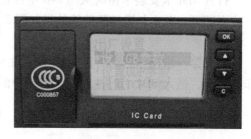

图2-12　TCP参数设置界面

3. 汽车行驶记录仪主机APN的设置

参考上述进入出厂设置的方法，进入出厂设置后选择第3项"＊设置APN"，如图2-13所示。

按下主机上的"OK"键即进入APN的设置界面，选择"CMNET"，如图2-14所示。

图 2-13　进入设置 APN 界面　　　　　图 2-14　APN 的设置界面图

4. 汽车行驶记录仪主机车辆信息的设置

完成主机 APN 设置后，还需要对相关车辆信息进行设置。参考上述进入出厂设置的方法，在出厂设置界面中选择第 1 项"＊设置 GB 参数"，如图 2-15 所示。

按下主机上的"OK"键即进入设置 GB 参数功能。通过操作"▲""▼"键，进行相应的车辆设置选项，完成车辆的设置，如图 2-16 所示。

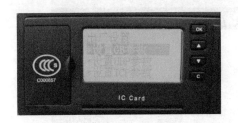

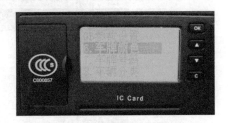

图 2-15　设置 GB 参数界面　　　　　图 2-16　车辆设置界面图

车辆设置选项包括车牌号码、车牌颜色、车辆分类、车辆 VIN、发动机号等，根据车辆的相关信息完成设置即可。

二、软件平台的对接

1. 平台的启动

用鼠标左键双击桌面的"车联网.exe"快捷方式，启动"新坐标位置信息服务平台"，如图 2-17 所示。

图 2-17　新坐标位置信息
服务平台快捷图标

双击快捷方式后，弹出软件的登录界面，要求输入用户名和密码，用户输入用户名和密码，如图 2-18 所示。

启动后的界面如图 2-19 所示。

图 2-18　软件登录界面

图 2-19　平台启动后的界面

2. 汽车行驶记录仪的添加

在平台与汽车行驶记录仪进行连接前，需要在平台中添加汽车行驶记录仪。具体的方法是单击平台左侧的"数据管理"，选择"设备管理"。设备管理的界面如图 2-20 所示。

图 2-20　设备管理界面

在该管理界面的右侧，选择"添加目标"即进入设备添加界面，如图 2-21 所示。

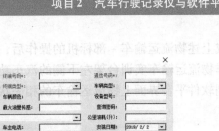

图 2-21　设备添加界面图

在上述操作界面中，先选择左侧的所属用户组，如"湖南汽车工程职业技术学院"，依次在红色栏目中输入关键信息。其中，"目标名称"可任意，一般与车型相关；"终端号码"为汽车行驶记录仪的设备终端号，该号码是唯一的，可通过汽车行驶记录仪的"GB 参数设置"进行查询；"通信号码"为记录仪中插入的 SIM 卡卡号；其他选项可根据实际情况进行选择。"终端号码"和"通信号码"是唯一的，不允许重复，即一个设备和 SIM 只允许添加一次，否则会出现错误提示。

3. 汽车行驶记录仪的在线监控

在完成上述汽车行驶记录仪添加后，重新启动软件平台，即可在平台中查看汽车行驶记录仪采集到的相关信息。依次单击左侧的"平台管理""定位监控"，在弹出的界面右侧复选框选择"物流运输车-部标"，在下面的窗口中双击选择后的"物流运输车-部标"，此时，地图会定位至物流运输车所在的位置，如图 2-22 所示。

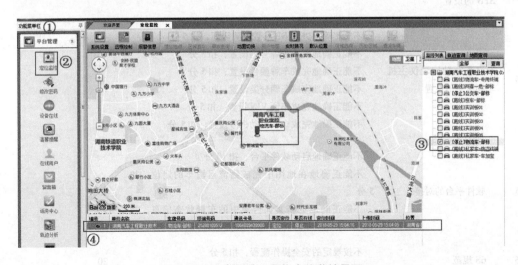

图 2-22　汽车行驶记录仪在线监控界面

完成上述物流运输车 – 部标机的操作后，可在平台中实现汽车行驶记录仪的连接，接下来可操作物流运输车实训台架左下侧的汽车功能控制开关，改变相关的汽车功能状态。此时能观察到软件平台界面上物流运输车的相关状态会发生改变，如图 2-23 所示。

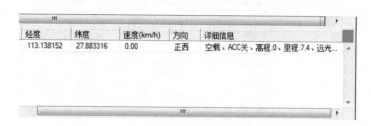

图 2-23　汽车状态信息

【考核标准】

本项目操作考核根据表 2-1 进行。

表 2-1　考核评分表

序号	操作项目	扣分标准	权重	得分	备注
1	汽车行驶记录仪主机 SIM 卡的安装	不能正确地打开 SIM 卡槽，扣 2 分 不能正确地安装 SIM 卡，扣 3 分	5		
2	汽车行驶记录仪主机 IP 地址、端口号的设置	不能正确地进入出厂设置界面，扣 5 分 不能正确地进入 TCP 参数设置界面，扣 5 分 不能正确地完成 IP 地址和端口号的设置，扣 5 分	15		
3	汽车行驶记录仪主机 APN 的设置	不能正确完成 APN 参数的设置，扣 5 分	5		
4	汽车行驶记录仪主机 车辆信息的设置	不能正确地进入 GB 参数设置界面，扣 5 分 不能正确地完成车牌号码设置，扣 5 分 不能正确地完成车牌颜色设置，扣 5 分 不能正确地完成车辆分类设置，扣 5 分 不能正确地完成车辆 VIN 设置，扣 5 分 不能正确地完成车辆发动机号设置，扣 5 分	30		
5	软件平台的对接	不能正确地启动软件平台，扣 10 分 不能正确地在地图中完成物流运输车的定位，扣 5 分 不能正确地更新实训台架中的车辆状态信息，扣 10 分	25		
6	6S 规范	不按规定的安全操作流程，扣 5 分 不进行工位的 6S 整理，扣 5 分/处	20		

【项目小结】

本项目主要在物流运输车实训台架上完成汽车行驶记录仪的 SIM 卡安装、汽车行驶记录仪设置、汽车行驶记录仪与平台连接等任务，通过本项目的实施让学生能正确讲述物流运输车实训台架的基本结构和工作原理，会安装汽车行驶记录仪的 SIM 卡，会完成汽车行驶记录仪 IP 地址、端口号、APN 的设置，会在平台中添加并查看汽车行驶记录仪，会正确使用新坐标位置信息服务平台，培养学生团队合作能力、自主学习与独立思维等情感能力。

项目 3
物流终端系统的安装与调试

🏠 【项目说明】

　　某物流运输企业新购入一台大型物流运输车，应主管部门要求需要安装一个物流终端。请为该物流运输车设计合理的改装方案、设备布局、安装及走线方式，完成设备的安装、接线、调试并进行相关的测试。性能指标达到要求后，交付客户使用。

🏠 【项目要求】

1. 知识目标

1）能正确讲述物流信息终端的基本结构和工作原理。
2）能正确讲述物流运输车实训台架的基本结构和工作原理。
3）能正确讲述物流信息终端线束的制作流程及方法。
4）能正确讲述物流信息终端、温度传感器、门磁感应器信号线的辨别及测量方法。

2. 技能目标

1）能在物流运输车实训台架上完成物流信息终端、温度传感器、门磁感应器、通信天线、北斗定位天线的定位与安装。
2）能进行物流信息终端、温度传感器、门磁感应器、汽车功能线之间连接线束的制作。
3）能在物流运输车实训台架上完成线束的连接及固定。
4）能在实训台架上完成物流信息终端、温度传感器、门磁感应器信号的测量。
5）能在物流运输车实训台架上完成物流信息终端的调试。
6）能在平台软件中添加物流信息终端及汽车相关信息的查看。

3. 情感目标

1）树立服务意识、效率意识、规范意识；强化人际沟通、团队合作的能力。
2）培养爱岗敬业的职业道德和严谨务实勤快的工作作风；自我管理自我修正的能力。
3）利用多种信息化平台进行自主学习的能力；制订工作计划、独立决策和实施的能力。
4）培养运用多方资源解决实际问题的能力；准确地自我评价能力和接受他人评价的

能力。

5）培养自主学习与独立思维能力。

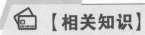【相关知识】

一、物流信息终端概述

近年来，随着我国经济的迅速发展，物流企业和物流车辆的总量快速增长，对物流车辆和货物的经营管理及合理调度就成为物流运输管理系统中的一个重要问题。各类物流企业虽然在长期的发展过程中积累了丰富的实践经验，但由于对物流车辆的动态实时监控和调度一直未得到妥善解决，信息反馈不及时、不精确和不全面等问题导致了运力的大量浪费与运作成本的居高不下，严重地制约了我国物流企业的发展。目前物流企业普遍存在的问题如下：

（1）车辆调度难　车辆管理只能由驾驶人向公司报告车辆的位置，属于被动的管理办法，有时无法准确了解车辆的真实位置，致使物流企业不能为运营车辆组织货源和灵活配货，无法对运行车辆进行高效的调度管理。

（2）服务质量难以提高　货物在运输过程中，货主不能及时了解货物在运输中的情况，缺乏和物流企业有效的协调配合。

驾驶员绕路行驶报销过桥、过路费用和驾驶员私拉货物的行为等得不到监控。

在货物运输过程中，由于缺乏有效的盗抢防范措施，人、货、车的安全得不到有效保障，事故原因无法追踪，超速违章现象得不到控制。GPS、GS 和无线通信技术的发展使得物流企业实现货物跟踪、合理监控和调度车辆等功能成为可能，在物流企业内应用这些技术对物流车辆进行监控和调度已成为一种趋势。

（一）物流信息终端的功能

物流信息终端需具备如下功能：

1）短信设置监控手机号码。

2）短信密码保护（可以修改）。

3）授权电话号码的设置（系统可设置 3 个授权电话号码）。

4）车主手机定位。

5）设置自动上传信息。

6）自动上传信息间隔设置。

7）ACC 状态检测。

8）一路 A/D 转换，电压范围 0～5V（可作为油量检测用，需要平台支持）。

9）支持超速警示功能，超速后蜂鸣器发出声音提醒驾驶员（需外接蜂鸣器）。

10）蓄电池拆除报警。

11）电子围栏越界报警（禁止驶入、禁止驶出）。

12）支持盲区补报，保存超过 3000 个位置点。

13）支持中文位置短信（需要平台支持）。

14）支持 GPS 基站双定位（基站定位需要平台支持）。

15）断油断电（需另配继电器实现）。

16）紧急报警（需另配紧急报警按钮实现）。

17）温度监测（需外接温度传感器）。

18）门磁信号监测（需外接门磁）。

（二）物流终端系统的结构及工作原理

1. 物流信息终端

（1）物流信息终端　本项目实训台架的物流信息终端如图3-1所示。

（2）物流信息终端技术指标　本项目用物流信息终端技术指标见表3-1。

表 3-1　物流信息终端技术指标表

序号	技术参数	值	单位	备注
1	工作电压	9 ~ 40	V	直流
2	电源抗反接	≥80	V	
3	功耗	0.5	W	
4	内置锂电池	650	mAh	12V
5	后备电源待机	6 ~ 10	h	
6	定位频段	850/900/1800/1900	MHz	
7	工作温度	−20 ~ +70	℃	
8	工作湿度	5% ~ 95%		
9	存储温度	−40 ~ +85	℃	
10	质量	120	g	
11	外形尺寸	80×57×25	mm×mm×mm	

（3）物流信息终端的输出接口　物流信息终端对外电路而言共有3个接口，分别是GPS天线接口、GSM网络天线接口、传感器及电源接口。传感器及电源接口主要包括终端供电接口、门磁感应器接口、温度传感器接口。物流信息终端的输出接口如图3-2所示。

图 3-1　物流信息终端实物图

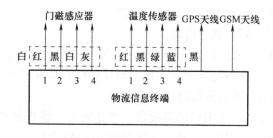

图 3-2　物流信息终端的输出接口

图3-2中的物流信息终端输出接口中，连接门磁感应器的为白色4芯大插头，各引脚颜色及信号类型定义见表3-2。

表 3-2   门磁感应器输出插头定义

引脚序号	导线颜色	信号类型	说明
1	红	+12V	12V 电源正极输入
2	黑	GND	电源负极搭铁
3	白	NC	未使用
4	灰	SIG	门磁感应器信号

图 3-2 中的物流信息终端输出接口中，连接温度传感器的为黑色 4 芯小插头，各引脚颜色及信号类型定义见表 3-3。

表 3-3   温度传感器输出插头定义

引脚序号	导线颜色	信号类型	说明
1	红	+5V	传感器 5V 电源输出正极
2	黑	GND	电源负极搭铁
3	绿	NC	未使用
4	蓝	SIG	温度传感器信号

2. 门磁感应器

门磁开关是一种磁感应装置，根据安装位置的不同可分为门磁开关和窗磁开关两种。其一般不易被看到，因而能起到很好的安全报警作用。门磁感应器如图 3-3 所示。

门磁开关主要由开关和磁铁两部分组成，开关部分由磁簧开关经引线连接，定型封装而成；磁铁部分由对应的磁场强度的磁铁封装于塑胶或合金壳体内。当两者分开或接近至一定距离后，引起开关的开断从而感应物体位置的变化。

图 3-3   门磁感应器

门磁开关分为常开型和常闭型两种，本项目选用的为常开型，即将门磁感应器的感应器和永磁体分开后，利用万用表测量两根导线为断开状态，常闭型则刚好相反。

3. 温度传感器

本实训台架的温度传感器采用数字式温度传感器 DS18B20。DS18B20 是常用的数字温度传感器，其输出的是数字信号，具有体积小、硬件开销低、抗干扰能力强、精度高的特点。该温度传感器的特点如下：

1）独特的单线接口方式。DS18B20 在与微处理器连接时，仅需要一条口线即可实现微处理器与 DS18B20 的双向通信。

2）测温范围为 −55 ~ +125℃，固有测温误差为 1℃。

3）支持多点组网功能。多个 DS18B20 可以并联在唯一的三线上，最多只能并联 8 个，实现多点测温。如果数量过多，会使供电电源电压过低，从而造成信号传输的不稳定。

4）工作电源为 3.0 ~ 5.5V/DC（可以数据线寄生电源）。

5）在使用中不需要任何外围元件。

6）测量结果以 9 ~ 12 位数字量方式串行传送。

该温度传感器的接口方式如图 3-4 所示。

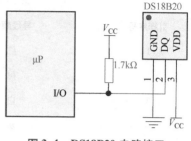

图 3-4 DS18B20 电路接口

二、实训台架的结构及工作原理

（一）物流终端系统结构

物流运输车专用终端系统由通信天线、定位天线、门磁感应器、温度传感器、物流信息终端、电源等组成。其整体结构如图 3-5 所示。

（二）物流运输车实训台架

本项目物流终端的安装与调试在物流运输车实训台架上完成。该实训台架涉及物流终端部分的结构如图 3-6 所示。

（三）信号测量区

物流运输车实训台架上设置有 4 个信号测量插头，分别是物流信息终端相关的测量插头和传感器端插头。

图 3-5 物流终端系统整体结构图

1. 物流信息终端相关测量插头

物流信息终端测量区包括门磁传感器测量区和温度传感器测量区。门磁传感器测量区如图 3-7 所示。该测量区包括电源、信号、地（搭铁）3 个测量插头，3 个插头测量时的电压值见表 3-4。

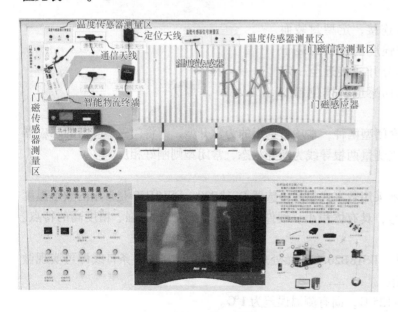

图 3-6 物流运输车实训台架的结构

图 3-7 门磁传感器测量区

表 3-4　门磁传感器测量区

插头颜色	信号类型		对地电压值/V
红色	物流终端电源		12
黄色	门磁感应器信号	永磁门边靠近	12
		永磁门边离开	0
黑色	电源搭铁		0

物流终端的温度传感器测量区如图 3-8 所示。该测量区包括电源、信号、地（搭铁）3 个测量插头，3 个插头测量时的电压值见表 3-5。

图 3-8　物流终端的温度传感器测量区

表 3-5　温度传感器测量区

插头颜色	信号类型	对地电压值/V
红色	温度传感器电源输出	5
黄色	温度传感器信号	约 2.86
黑色	电源搭铁	0

2. 传感器端的测量区

传感器端相关的测量区包括温度传感器测量区和门磁信号测量区。温度传感器信号测量区如图 3-9 所示。

该测量区的测量插头在与物流信息终端断开的情况下，无法测量各信号测量点。与物流信息终端连接后，各测量点的电压与表 3-5 相同。

门磁感应器端测量区如图 3-10 所示。该测量区包括信号、地（搭铁）两个测量插头，该测量插头在与物流信息终端连接或断开的情况下均可以进行测量，与物流终端连接的情况下各信号点的测量值与表 3-4 相同。在门磁感应器与物流信息终端断开时，两个插头测量时的电压值见表 3-6。

图 3-9　温度传感器端信号测量区

图 3-10　门磁感应器端测量区

表3-6　门磁感应器测量区

插头颜色	信号类型		对地电压值/V
黄色	门磁感应器信号	永磁门边靠近	12
		永磁门边离开	无
黑色	电源搭铁		0

（四）物流终端系统的连接区域

物流终端系统的接线包括物流信息终端、门磁感应器、温度传感器、通信天线、定位天线、电源共6个部分的连接，通信天线和定位天线的连接已完成，本项目操作时无须连接。

1. 门磁感应器接线区

门磁感应器接线区共有两个快速插头，分别是信号和电源，插头如图3-11所示。

图中所示黄色插头为信号线，与物流信息终端的门磁感应器信号线相连。红色接头为电源插头，与12V电源的正极相连。

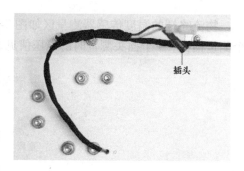

图3-11　门磁感应器插头

2. 温度传感器接线区

温度传感器接线区共有3个快速插头，分别是电源、地（搭铁）、信号，接线区如图3-12所示。

图中所示蓝色插头为信号线，与物流信息终端相连。红色插头为传感器电源供电插头，与物流信息终端的5V电源正极输出相连。黑色插头为传感器搭铁线插头，与物流信息终端的地线相连。

3. 物流信息终端接线区

物流信息终端接线区共有6个快速插头，接线区如图3-13所示。

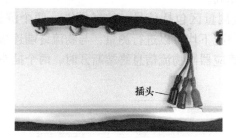

图3-12　温度传感器接线区

图3-13　物流信息终端接线区

图3-13中上部红、黑、蓝3个插头为温度传感器插头，与温度传感器的功能线相连。蓝色为温度传感器信号线，与温度传感器的信号线相连。红色为5V电源输出正极插头，与温度传感器的电源正极相连。黑色为5V电源负极插头，与传感器的地线相连。

图3-13中下部红、黑、黄3个接头为电源和门磁感应器插头。红色为12V电源输入正极插头，与12V电源输入相连。黑色为12V电源输入负极插头，与12V电源输入负极相连。黄色为门磁感应器信号插头，与门磁感应器的信号线相连。

【设备及工具】

1. 设备

1) 物流运输车实训台架。

2) 计算机 1 台。

3) 恒温电烙铁 1 个、热风枪 1 个。

2. 工具

1) 数字万用表 1 个，型号为 UT890C。

2) 棘轮式绝缘端子插簧压线钳 1 把，型号为 LY03C。

3) 剥线钳、尖嘴钳、斜口钳、螺钉旋具、拆装工具 1 套。

3. 实训耗材

1) 公、母对插电线插接器 MPD1 – 156/FRD1 – 156（红色、黑色、黄色、绿色、蓝色）。

2) 导线：截面积为 0.5mm^2 单芯多股导线（黄色、绿色、蓝色）、截面积为 0.75mm^2 单芯多股导线（红色、黑色）。

3) 自锁式尼龙扎带。

4) 不干胶小标签贴纸。

5) 汽车绒布胶带 1 卷。

6) 热缩套管（$\phi2$、$\phi3$、$\phi4$、$\phi5$）若干。

7) 间距 5557/5559 插接器：$2 \times 1P$、$2 \times 2P$、$2 \times 3P$。

【操作方法及步骤】

本项目的操作主要包括线束的制作、线束的连接、平台的对接与查看等步骤。

一、布线图的绘制

在物流运输车实训台架上实现物流信息终端的接线操作时，物流信息终端、温度传感器、门磁感应器、电源之间的连线示意图如图 3-14 所示。

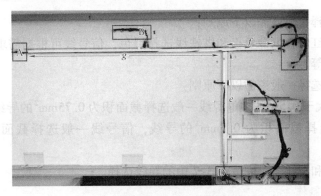

图 3-14 物流终端连线操作示意图

1. 快速插头数量的确定

通过学习前面实训台架相关结构及工作原理等相关内容，在实训平台架上进行验证后，确认图 3-14 所示的 A、B、C、D 快速插头处的插头数量。

2. 导线长度的测量

测量图 3-14 所示的 e、f、g 的长度，以此计算各快速插头之间的导线长度。在计算该长度时，要在快速插头区预留适当的长度。

完成上述两个步骤后，绘制出物流运输车实训台架中物流终端的布线图，将相关信息补充在图 3-15 中。

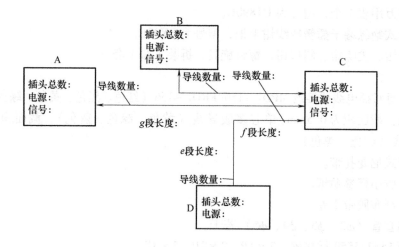

图 3-15　物流终端布线图

二、线束的制作

完成布线图的绘制后，接下来进行线束的制作。线束的制作包括导线的选择与裁剪、快速插头的制作、线束的制作 3 个步骤。

1. 导线的选择与裁剪

通过布线图可以确定线束中相关导线的信号类型、长度，然后根据信号类型确定导线的颜色和线径。

导线颜色的选择一般遵循以下原则：

电源正极选择红色，电源负极和搭铁线选择黑色，信号线可根据需求选择黄色、绿色、蓝色、橙色、棕色等。

导线截面积的选择一般遵循以下原则：

电流小于 1A 大于 0.5A 的主电源线一般选择截面积为 0.75mm^2 的导线，电流小于 0.5A 的主电源线一般选择截面积为 0.5mm^2 的导线，信号线一般选择截面积为 0.3mm^2 或者 0.5mm^2 的导线。

根据上述原则和布线图，完成表 3-7 中的导线选择。

2. 快速插头的制作

快速插头的制作方法与项目 1 的方法相同，这里不再赘述。

表 3-7 导线选择

序号	颜色	截面积/mm²	长度/cm	数量/根

注：本次实训提供的截面积为 0.75mm² 的导线颜色有红色和黑色，截面积为 0.5mm² 的导线颜色有黄色、蓝色、绿色，截面积为 0.3mm² 的导线颜色有黄色、蓝色、绿色。

3. 线束的制作

完成所有导线快速插头的制作后，根据图 3-14 绘制好的布线图、导线的连接位置和长度以及出线位置，利用绝缘布将所有导线捆绑在一起形成线束。制作完成后的线束效果如图 3-16 所示。

线束制作完成后，利用万用表测量出同一根导线的两头，用标签纸进行相应的标注，便于快速连接。

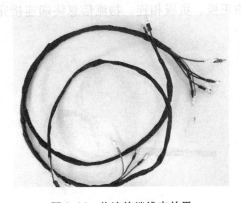

图 3-16 物流终端线束效果

三、线束的连接

在进行线束的连接时，主要完成"物流信息终端接线区""门磁感应器接线区""温度传感器接线区""12V 电源接线区" 4 个部分的连接。通信天线和定位天线已固定位置，只需按要求正确连接即可。

1. 门磁感应器的连接

门磁感应器接线区有两个快速插头，参见图 3-11 所示插头。

门磁感应器连接完成的效果如图 3-17 所示。

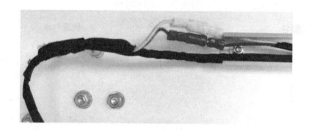

图 3-17　门磁感应器连接完成的效果

2. 温度传感器的连接

温度传感器接线区有 3 个快速插头，参见图 3-12 所示。图 3-12 中红色的是 5V 电源正极插头、黑色的是地线接头、蓝色的是温度传感器信号接头。3 个插头分别与物流信息终端的温度传感器对应插头相连。温度传感器连接完成的效果如图 3-18 所示。

3. 物流信息终端的连接

物流信息终端接线区有 6 个快速插头，参见图 3-13 所示。

注意：在连接物流信息终端时，有两种等级的电源（分别是 12V 和 5V），不要连接错误，否则会烧毁物流信息终端。

图 3-13 中，上部位置红色的是 5V 电源正极插头、黑色的是搭铁线插头、蓝色的是温度传感器信号插头，3 个插头分别与温度传感器相应插头相连。下部位置红色的是 12V 电源正极插头、黑色的是搭铁线插头、黄色的是门磁感应器信号插头，黄色插头与门磁感应器的信号线插头相连，红色和黑色插头分别与 12V 电源的正极、负极相连。物流信息终端连接完成的效果如图 3-19 所示。

图 3-18　温度传感器连接完成效果

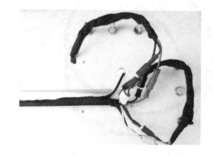

图 3-19　物流信息终端连接完成效果

4. 主电源的连接

12V 电源接线区有两个快速插头，红色的是 12V 电源正极插头、黑色的是搭铁线插头，两个插头分别与 12V 电源的正极和负极相连。

四、相关信号的测量

完成上述连接后，可使用万用表对门磁感应器、温度传感器、物流信息终端的信号进行测量，完成表 3-8 的填写。

表3-8 信号测量表

序 号	测量点		标准值/V	测量值/V	误差原因
	门磁感应器				
1	门磁信号	永磁门边靠近	12		
2		永磁门边离开	0		
	温度传感器				
3	电源	红色	5		
4	信号	黄色	约2.86		
	物流信息终端-门磁感应器				
5	电源	红色	0		
6	信号	永磁门边靠近	12		
7		永磁门边离开	0		
	物流信息终端-温度传感器				
8	电源	红色	5		
9	信号	黄色	约2.86		

五、远程监控平台的连接与信息的查看

完成上述连接和信号测量后，可进行物流终端与远程控制平台的连接，在平台中对物流终端采集的信息进行查看操作，同时可实现物流终端的定位。具体操作方法如下：

1. 平台的打开与物流终端的添加

平台的打开与登陆、物流终端的添加与项目2的方法相同，在进行物流终端的添加时注意终端号和通信号码应与硬件一致。

2. 定位与信息查看

登陆成功后，单击左侧的"平台管理"下的"定位监控"，会弹出系统定位界面，如图3-20所示。

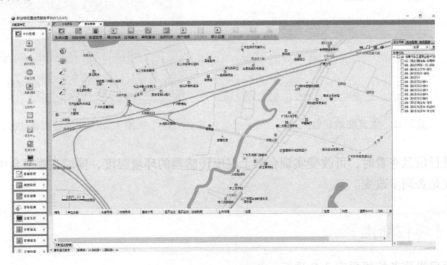

图3-20 定位监控界面

登陆成功后，会在右侧显示所有添加在当前账号下的设备，在线的设备会以蓝色进行显示，不在线的设备会以红色进行显示，如图 3-21 所示。

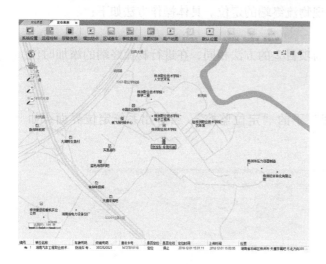

图 3-21　设备在线图

本项目仅使用物流终端，单击"物流车-专用终端"左侧的复选框，即可定位至物流车终端的当前位置，定位成功后如图 3-22 所示。

将鼠标移至物流终端的图标处，即可实时显示物流终端采集到的数据，如图 3-23 所示。

图 3-22　物流终端定位成功　　　　　图 3-23　物流终端采集信息

在进行信息查看时，可改变实训台架上温度传感器的环境温度，同时观察平台中物流终端的温度是否同步改变。

【考核标准】

本项目操作考核根据表 3-9 进行。

表 3-9 考核评分表

序号	操作项目		扣分标准	权重	得分	备注
1	6S 操作规范		不遵守安全操作流程,扣 5 分 不进行工位的 6S 整理,扣 2 分/处	10		
2	布线图的绘制		没有进行线束长度的测量,扣 3 分 线束没有预留长度,扣 3 分 没有统计插头数量,扣 2 分/个 没有标注线束导线数量,扣 5 分	20		
3	线束的制作		导线的颜色选择不正确,扣 2 分/根 导线的长度裁剪不正确,扣 2 分/根 导线的截面积选择不正确,扣 2 分/根 插头颜色选择不正确,扣 1 分/个 插头公、母类型选择不正确,扣 1 分/个 插头压接不牢固,扣 1 分/个 线束没有标注数字,扣 1 分/个 线束没有缠绕绝缘布,扣 3 分	30		
4	物流终端各部分的连接	门磁感应器的连接	门磁感应信号线连接错误,扣 2 分 电源线连接错误,扣 2 分	4		
		温度传感器的连接	温度传感器信号连接错误,扣 2 分 电源线连接错误,扣 2 分	4		
		物流信息终端的连接	两组电源线没有做相关标注,扣 2 分/个 门磁感应信号线连接错误,扣 2 分 温度传感器信号线连接错误,扣 2 分 电源线连接错误,扣 2 分	10		
		主电源的连接	电源线连接错误,扣 2 分	2		
5	通信天线、定位天线与记录仪主机的连接		天线与主机的连接不正确,扣 2 分/个	5		
6	平台连接与信息查看		不会进入远程监控平台,扣 5 分 不会定位物流终端,扣 5 分 不会查看物流终端信息,扣 5 分	15		

【项目小结】

本项目主要在物流运输车实训台架上完成物流终端的布局、线束制作、线束连接、信号测量、终端调试、平台连接及信息查看等任务,通过本项目的实施让学生能正确讲述物流信息终端和物流运输车实训台架的基本结构和工作原理,会制作物流终端的连接线束并进行线束的连接操作,会进行物流终端的调试及信号的测量操作,会进行物流终端与平台的连接及信息查看,培养学生团队合作能力、自主学习与独立思维等情感能力。

项目4

智能硬盘录像机的安装与调试

🏠【项目说明】

某公交公司新购入一辆大型公交车，应主管部门要求需要安装一套车载录像系统。请为该公交车设计合理的改装方案、设备布局、安装及走线方式，完成设备的安装、接线、调试并进行相关的测试。性能指标达到要求后，交付客户使用。

🏠【项目要求】

1. 知识目标

1）掌握智能硬盘录像机的基本结构和工作原理。

2）掌握公交实训台架的基本结构和工作原理。

3）理解智能硬盘录像机线束的制作流程及方法。

4）理解汽智能硬盘录像机信号辨别及测量方法。

2. 技能目标

1）能在公交实训台架上完成摄像头、硬盘录像机、显示屏的定位与安装。

2）能进行摄像头、硬盘录像机、显示屏之间连接线束的制作。

3）能公交车实训台架上完成摄像头、硬盘录像机、显示屏的连接及线束的固定。

4）能在实训台架上完成智能硬盘录像机信号的测量。

5）能在公交车实训台架上完成智能硬盘录像机的设置。

3. 情感目标

1）树立服务意识、效率意识、规范意识；强化人际沟通、团队合作的能力。

2）培养爱岗敬业的职业道德和严谨务实勤快的工作作风；自我管理自我修正的能力。

3）利用多种信息化平台进行自主学习的能力；制订工作计划、独立决策和实施的能力。

4）培养运用多方资源解决实际问题的能力；准确地自我评价能力和接受他人评价的能力。

5）培养自主学习与独立思维能力。

【相关知识】

一、智能硬盘录像机概述

(一) 智能硬盘录像机的定义

智能硬盘录像机（Digital Video Recorder，DVR）即数字视频录像机，相对于传统的模拟视频录像机，其采用硬盘录像，故常被称为硬盘录像机，以下均用此简称。它是一套进行图像存储处理的计算机系统，具有对图像/语音进行长时间录像、录音、远程监视和控制的功能。DVR采用的是数字记录技术，在图像处理、图像储存、检索、备份以及网络传递、远程控制等方面远远优于模拟监控设备。硬盘录像机主机如图4-1所示。

图4-1　硬盘录像机主机

(二) 硬盘录像机的主要功能

硬盘录像机的主要功能包括监视功能、录像功能、回放功能、报警功能、控制功能、网络功能、密码授权功能和工作时间表功能等。

还包含以下功能：

视频存储：所有硬盘录像机都可以接入串口硬盘，用户可以根据自己录像的保存时间选择不同大小的硬盘接上去。

视频查看：硬盘录像机具有BNC、VGA视频输出，可以与电视、监视器、电脑显示器等显示设备配合使用。也有的厂家把显示屏与硬盘录像机做成一体的。其视频查看分为视频实时查看和视频回放。

视频管理：所有厂家的DVR出厂都配有集中管理软件，可以用该软件管理多个硬盘录像机的视频图像与视频统一存储等功能。

远程访问：硬盘录像机通过网络设置可以实现远程访问、手机访问。让监控在有网络的情况下实现随时随地查看。

硬盘录像机的特性体现在以下几个方面：

1. 实现了模拟节目的数字化高保真存储

能够将广为传播和个人收集的模拟音视频节目以先进的数字化方式录制和存储，一次录制，反复多次播放也不会使质量有任何下降。

2. 全面的输入输出接口

提供了天线/电视电缆、AV端子、S端子输入接口和AV端子、S端子输出接口。可录制几乎所有的电视节目和其他播放机、摄像机输出的信号，可方便地与其他的视听设备连接。

3. 多种可选图像录制等级

对于同一个节目源，提供了高、中、低3个图像质量录制等级。选用最高等级时，录制的图像质量接近于DVD的图像质量。

4. 大容量、长时间节目存储，可扩展性强

用户可选用 20.4GB、40GB 或更大容量的硬盘用于节目存储。以 20.4GB 容量计算，在选定的码率下可录制节目时间的关系见表 4-1。

表 4-1　码率和录制时间关系

码率/（Mb/s）	可录制节目时间/s	码率/（Mb/s）	可录制节目时间/s
6	7	2	20
4	10	1.15	38

5. 具有先进的时移（Time Shifting）功能

当不得不中断收看电视节目时，用户只需按下 Time Shifting 键，从中断收看时刻开始的节目都将被自动保存起来，用户在处理完事务后可以从中断的位置继续收看节目，而不会有任何停顿感。

6. 完善的预约录制/播放节目功能

用户可以自由地设定开始录制/播放节目的起始时刻、时间长度等选项。通过对预约节目单的编辑组合，可以系统化地录制各种间断性的电视节目，包括电视连续剧。

7. 强大的网络信息家电中心

用户通过网络通信接口，使用 DVR 量身定制的网络浏览器，配备相应的网络资源，可以享用丰富的网络在线信息。

8. 提供便捷的管理已录制节目的方法

用户可以按照录制时间、节目种类等方式对已录制的节目进行组织和分类，随意在喜好的位置设定书签。

9. 提供随心所欲的播放方式

由于硬盘有快速、随机存储的特点，欣赏录制好的和正在录制的节目时，都可以用比当前 DVD 播放机多样、灵活的方式进行特技播放，快速播放时图像更加平滑，慢速播放时具有更高的细节分辨率。

2004 年 5 月 1 日起施行的《道路交通安全法》其《实施条例》第 14 条规定：用于公路营运的载客汽车、重型载货汽车、半挂牵引车应当安装、使用符合国家标准的汽车行驶记录仪。

国内外的使用情况表明，硬盘录像机能为国家行政管理部门提供有效的执法工具、为道路运输企业提供管理工具、为驾驶人提供驾驶活动的反馈信息，对遏止疲劳驾驶、车辆超速等交通违法行为、约束驾驶人的不良驾驶行为、保障车辆行驶安全以及道路交通事故的分析鉴定具有重要的作用。

（三）硬盘录像机的选择

市场上出现的 DVR 品牌及种类五花八门，标榜录像速度快、储存容量大、压缩比大、图像清晰度高的产品比比皆是，面对令人眼花缭乱的功能，应该如何辨其优劣、选择适合自己的产品呢？

1. 录像速率

对录像速率而言，其实所有的 DVR 在实时状态下都是 30 画面/s 或 60 图场/s（NTSC 格式），凡是超过此指标的广告宣传都是不切实际的。如果同时记录 16 路图像，每路的速率只有每秒 30/16 张或每秒 60/16 图场；多路录像时，某些 DVR 采用先进的影像位移检测的方式大幅度提高录像速率，活动图像的记录速度实际上几乎达到实时，比没有影像位移检测功能的录像机快出许多倍。但要注意影像位移检测录像是指全画面压缩记录有影像位移的摄影机全画面，而不是只压缩记录每路摄影机图像中有影像位移活动的部分，后者虽可以提升录像速率，但在欧美国家的法律中这种图像不能作为呈堂证供。

2. 储存容量及备份

录像容量越大越好，但最重要的是要有接口连接外部数字储存设备，进行图像数据的备份，只有经常进行备份，才能保证有价值的图像能够被安全地保存下来并方便进行传输。把几个月的图像都存在机器内置硬盘上是很不明智的，一旦机器损毁，所有资料都将完全丢失。

3. 图像清晰度

图像清晰度的高低直接反映了 DVR 的品质，但是从技术原理上来说，清晰度越高，占用的储存容量越大，所以能够根据实际情况去调节清晰度的高低才是最好的设计，这一点几乎各厂牌的产品都已经做到了。

4. 操作简便与否

操作使用是否简便最终决定产品在实际应用中的适应性，越来越多的用户希望自己使用的设备最好按一个键就能完成所有功能。很多厂家忽略了用户使用电器设备的整体质素，把产品设计得功能繁多，操作过于复杂，结果难以得到推广。为了改善这个缺失，现今很多厂家在不断地改进自己的产品，例如采用人性化的键盘、简化日常的操作使用、增加计算机网络接口功能及顺应网络发展潮流等，以扩大在市场的占有率。

（四）硬盘录像机的结构及工作原理

硬盘录像机一般由存储硬盘、摄像头、显示屏以及连接线束组成，其结构框图如图 4-2 所示。

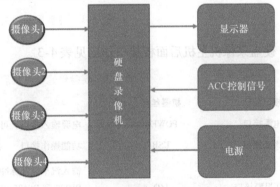

图 4-2　硬盘录像机结构框图

本项目以公交车实训台架为例进行介绍。硬盘录像机主机前面板如图 4-3 所示。

图 4-3　硬盘录像机主机前面板

硬盘录像机主机前面板接口作用见表 4-2。

表4-2　硬盘录像机主机前面板接口作用

接口名称	面板丝印	详细说明
指示灯	PWR	电源灯，当电源正常时灯亮
	ARM	报警指示灯，当机器出现异常时灯亮
	REC	录像指示灯，当设备正在录像时灯亮
	SD1	录像SD1卡指示灯，当SD1存在时灯亮
	SD2	录像SD2卡指示灯，当SD2存在时灯亮（根据机型）
	LOC	电子锁，在设备工作期间打开电子锁，系统会卸载硬盘，1min后系统会自动加载录像
遥控器接收头	IR	红外接收头，用于接收遥控器信号

硬盘录像机主机后面板如图4-4所示。

图4-4　硬盘录像机主机后面板

硬盘录像机主机后面板接口作用见表4-3。

表4-3　硬盘录像机主机后面板接口作用

接口名称	机器丝印	详细说明
电源接口	POWER	电源输入接口，可接DC 8~36V；3A以上电流
USB接口	USB	功能操作接口
I/O报警接口	I/O	输入汽车速度脉冲信号，差分输入 RS232和RS485串行数据通信接口 报警接口，12V和5V电源输出接口
视音频输入接口	AV1，AV2，AV3，AV4	1脚为电源正极（+12V），2脚搭铁（GND），3脚为音频输入，4脚为视频输入
视频输出	Video Out	视频模拟输出接口，接入CVBS电视机等显示设备
音频输出	Audio Out	音频输出

AV视音频输入线引脚功能如图4-5所示。

电源线如图4-6所示，一端是6PIN白色插头，接在设备后面板的6PIN白色插头上。红线接正极，黑线接负极，黄线接ACC线。

摄像头如图4-7所示，它可为交通事故的分析、判定提供可靠的凭证，方便驾乘人员查看车内情况，为车内乘客纠纷、失物查找、防劫防盗等问题的发生提供处理依据；提供车厢内、外环境的监控，为车辆行驶提供安全保障。

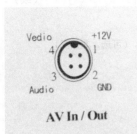

图 4-5　AV 视音频
输入线引脚功能

图 4-6　电源线

录像信息显示屏如图 4-8 所示，用于对车厢内部情况及车厢外部情况的屏幕显示，便于驾驶员查看监控视频。显示屏机身薄，节省空间。

图 4-7　摄像头

图 4-8　录像信息显示屏

（五）硬盘录像机的技术指标

1. 硬盘录像机主机的技术参数

硬盘录像机主机的技术参数见表 4-4。

表 4-4　硬盘录像机主机的技术参数

类型	型号参数
视频输入	4 路 720P 百万高清输入
视频输出	1 路，航空头模拟 AV 输出，1.0Vp-p，75Ω；预留 1 路 VGA 输出
编码算法	真正的 H.264，占用空间更小
实时监视分辨率	百万高清 720P（1080×720）或 D1 分辨率（PAL：704×576，NTSC：704×480）
主码流总资源	实时 100 帧/s @4×720P
录像分辨率	4 路 720P（1280×720）或 4 路 D1（PAL：704×576，NTSC：704×480）
回放视频帧率	PAL：1~25 帧/s，NTSC：1~30 帧/s
音频输入	4 路，2Vp-p 线性电平，10kΩ
音频输出	1 路，3Vp-p 线性电平，600Ω

（续）

类型	型号参数
通信接口	IR 遥控器远程遥控，操作方便；2 个 RS232 口，1 个 RS485 口，（可选，非标配）
外部设备接口	1 个 USB2.0 接口，可做备份（可选）
录像检索方式	可按通道、时间、录像类型、录像数据存放位置进行快速检索
字符叠加	支持（如车牌号、时间、速度、制动信息等）
电源输入	DC 6 ~ 36V
电源输出	DC 12V 3A（专供 4 个摄像头及拾音器和显示屏使用）
主机功耗	不高于 25W（不含硬盘）
工作温度	− 20 ~ + 70℃
工作湿度	10% ~ 95%
防护等级	IP54
防振参数	加电状态下，当设备承受如下振动时：1.0mm（5 ~ 22Hz），0.6Grms m/s^2（22 ~ 500Hz），硬盘能够可靠地工作
主机体积	155mm（长）×145mm（宽）×55mm（高）
3G/4G 模块	可内置 3G/4G 移动、电信或联通模块
GPS 模块	可内置 GPS 或北斗双模定位模块

2. 3G 摄像头参数

摄像头的技术参数见表 4-5。

表 4-5　摄像头的技术参数

类型	型号参数	类型	型号参数
款式	半球摄像机	分辨率	CMOS600 + ir − cut
图像传感器	CMOS	镜头/mm	3.6
水平清晰度/TVL	600	信噪比/dB	48
最低照度/Lux	0.01	工作温度/℃	− 20 ~ 50

3. 录像信息显示屏参数

录像信息显示屏的技术参数见表 4-6。

表 4-6　录像信息显示屏的技术参数

类型	型号参数	类型	型号参数
内存	128M	输入电压/V	12
天线	内置	支持扩展类型	TF 卡
屏幕尺寸/in	7	内置内存	8G
电池类型	充电式锂电池	最大支持容量	32G
电池使用时间/h	小于 2	操作温度/℃	0 ~ 60
电源接口	车载充电	充电方式	车充

二、实训台架工作原理

（一）实训台架布局

在实训台架上的相应位置确定硬盘录像机主机、3G 摄像头参数、录像信息显示屏的安装位置。以公交车实训台架为例，实训台架的布局如图 4-9 所示。

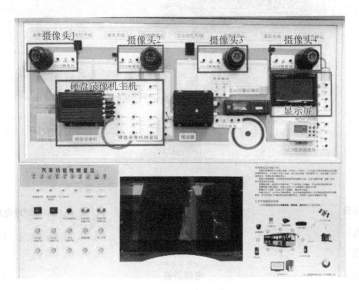

图 4-9　公交车实训台架整体布局图

公交车实训台架中智能硬盘录像机部分主要包括硬盘录像机主机、3G 摄像头和录像信息显示屏。

（二）信号测量区

公交车实训台架上设置 3 个信号测量区，分别是硬盘录像机主机测量区、摄像头测量区和显示屏检测区。

1. 硬盘录像机主机测量区

硬盘录像机主机主要用来连接摄像头、存储摄像头的视频信号并将它传输录像信息显示屏上。

图 4-10 所示为公交车硬盘录像机主机测量区，该测量区测量 4 个摄像头送过来的视频信号，有电源、信号、地（搭铁）3 个测量插头，3 个插头测量时的电压值见表 4-7。

表 4-7　硬盘录像机主机测量区视频信号输入测量点

插头颜色	信号类型	对地电压值/V
红色	摄像头电源	12
黄色	视频信号	1
黑色	电源搭铁	0

公交车硬盘录像机主机测量区有电源、ACC、地（搭铁）3 个测量插头，3 个插头测量时的电压值见表 4-8。

图 4-10　硬盘录像机主机测量区

表 4-8　硬盘录像机主机测量区电源测量点

插头颜色	信号类型	对地电压值/V
红色	主机电源	12
绿色	ACC	12
黑色	电源搭铁	0

公交车硬盘录像机主机测量区有信号、地（搭铁）两个测量插头，两个插头测量时的电压值见表 4-9。

表 4-9　硬盘录像机主机测量区视频输出测量点

插头颜色	信号类型	对地电压值/V
黄色	视频输出	0.36
绿色	信号搭铁	0

2. 摄像头测量区

智能硬盘录像机有 4 个摄像头用来摄取周围环境的图像视频，分别是 AV1、AV2、AV3、AV4、它们的测量点如图 4-11 所示。

图 4-11　摄像头测量区

公交车摄像机测量区有电源、信号、地（搭铁）3 个测量插头，3 个插头测量时的电压值见表 4-10。

表 4-10 摄像头测量区测量点

插头颜色	信号类型	对地电压值/V
红色	主电源	12
黄色	信号	1
黑色	电源搭铁	0

3. 显示屏检测区

智能硬盘录像机有 LCD 显示屏，可以用来实时观察摄像头拍摄的视频，也可以通过选择按键来读取智能硬盘录像机存储的视频信号。显示屏检测区如图 4-12 所示。

公交车智能硬盘录像机显示屏检测区有电源、信号、信号地（搭铁）、地（搭铁）4 个测量插头，4 个插头测量时的电压值见表 4-11。

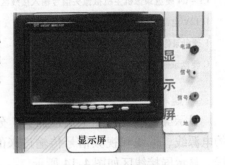

图 4-12 显示屏检测区

表 4-11 显示屏检测区检测点

接头颜色	信号类型	对地电压值
红色	主电源	12V
黄色	信号	0.36V
绿色	信号搭铁	0V
黑色	电源搭铁	0V

（三）智能硬盘录像机连接线束制作

智能硬盘录像机的接线包括 4 个摄像头、硬盘录像主机和显示屏三部分的连接，通信天线和定位天线的连接较简单，不在本项目的操作范围内。智能硬盘录像机的接线布局如图 4-13 所示。

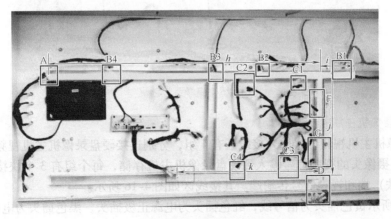

图 4-13 智能硬盘录像机的接线布局

在图 4-13 所示的接线布局图中，A 为显示屏接线区，B1～B4 为摄像头接线区，C1～C4 为硬盘录像机主机摄像头信号输入接线区，D 为 12V 电源接线区，F 为硬盘录像机主机视频信号输出接线区，G 为硬盘录像机主机供电与控制接线区。线束连接见表 4-12。

表 4-12　智能硬盘录像机的线束连接

接线区	相连接线区
A 显示屏接线区	D 12V 电源接线区和 F 硬盘录像机主机视频信号输出接线区
B1～B4 摄像头接线区	C1～C4 硬盘录像机主机摄像头信号输入接线区
C1～C4 硬盘录像机主机摄像头信号输入接线区	B1～B4 摄像头接线区
D 12V 电源接线区	A 显示屏接线区和 G 硬盘录像机主机供电与控制接线区
F 硬盘录像机主机视频信号输出接线区	A 显示屏接线区
G 硬盘录像机主机供电与控制接线区	D 12V 电源接线区

1. 显示屏接线区

显示屏接线区有 4 个快接插头，分别为显示屏供电的电源线、地线和视频信号传输过来的信号线、信号地线。显示屏接线区如图 4-14 所示。

图 4-14 所示黄色插头为信号线，黑色信号地线与硬盘录像机主机端相连；红色插头为电源插头，与 12V 电源的正极相连；黑色搭铁插头为电源插头与 12V 电源负极相连。

2. 摄像头接线区

摄像头接线区有 4 组，分别连接 4 个摄像头，每个组有 3 个快接插头即电源端、地（搭铁）端和视频信号传输端。摄像头接线区如图 4-15 所示。

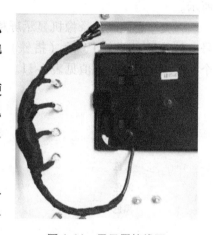

图 4-14　显示屏接线区

图 4-15 所示黄色插头为信号线，红色插头为电源正极插头，黑色插头为电源负极插头，与硬盘录像机主机视频信号输入端相连。

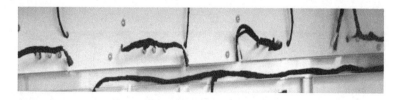

图 4-15　摄像头接线区

3. 硬盘录像机主机视频信号输入接线区

硬盘录像机主机视频信号输入接线区有 4 组，分别连接硬盘录像机主机视频信号输入的 4 个端口，将摄像头的视频信号输入到硬盘录像机主机存储，每个组有 3 个快接插头即电源端、地（搭铁）端和视频信号传输端。其接线区如图 4-16 所示。

图 4-16 所示黄色插头为信号线，红色插头为电源正极插头，黑色插头为电源负极插头，与 4 个摄像头接线区的快接插头相连接。

4. 硬盘录像机主机电源与控制接线区

硬盘录像机主机电源接线区主要与电源和行车记录仪相连接，给硬盘录像机主机供电和控制硬盘录像机主机。它有 3 个快接端口，分别为电源端、地（搭铁）端和 ACC 控制端，其接线区如图 4-17 所示。

图 4-17 所示黄色插头为 ACC 线，红色插头为电源正极插头，黑色插头为电源负极插头，接 12V 电源供电端。

5. 硬盘录像机主机视频信号输出接线区

硬盘录像机主机视频信号输出接线区主要与显示屏接线区相连接，将视频信号传送到显示屏显示，有两个快接端口。其接线区如图 4-18 所示。

图 4-18 所示黄色插头为视频信号线，黑色插头为视频信号地（搭铁）线，与显示屏接线区的视频信号相连。

图 4-16　硬盘录像机主机
视频信号输入接线区

6. 电源接线区

电源接线区主要是给智能硬盘录像机供电和进行 ACC 控制，分别给硬盘录像机主机和显示屏供电，对硬盘录像机主机进行 ACC 控制，有 3 个快接端口。电源接线区如图 4-19 所示。

图 4-17　硬盘录像机主
机电源与控制接线区

图 4-18　硬盘录像机主机
视频信号输出接线区

图 4-19　电源接线区

图 4-19 所示电源线只用到了红色插头（12V 电源正极端）和黑色插头（搭铁端），分别接到硬盘录像机主机和显示屏。黄色为 ACC 快接端口，对硬盘录像机主机进行 ACC 控制。

🏠【设备及工具】

1. 设备

1）实训台架。

本项目可在智能公交车实训台架和车联网校车实训台架中的任何一个上进行。

2）计算机 1 台。

3）恒温电烙铁 1 个、热风枪 1 个。

2. 工具

1）数字万用表 1 个，型号为 UT890C。

2）棘轮式绝缘端子插簧压线钳 1 把，型号为 LY03C。

3）剥线钳、尖嘴钳、斜口钳、螺钉旋具、拆装工具 1 套。

3. 实训耗材

1）公、母对插电线插接器 MPD1 – 156/FRD1 – 156（红色、黑色、黄色、绿色、蓝色）。

2）导线：截面积为 0.5mm^2 单芯多股导线（黄色、绿色、蓝色）、截面积为 0.75mm^2 单芯多股导线（红色、黑色）。

3）自锁式尼龙扎带。

4）不干胶小标签贴纸。

5）汽车绒布胶带 1 卷。

6）热缩套管（$\phi 2$、$\phi 3$、$\phi 4$、$\phi 5$）若干。

7）间距 5557/5559 插接器：$2 \times 1P$、$2 \times 2P$、$2 \times 3P$。

【操作方法及步骤】

本项目的操作主要包括线束的制作、线束的连接、硬盘录像机的摄像与显示 3 个步骤。

一、布线图的绘制

在公交车实训台架上进行硬盘录像机的接线操作时，硬盘录像机主机、3G 摄像头、录像信息显示屏、电源之间的连线示意图参见图 4-13 所示。

1. 快速插头数量的确定

通过查阅学习手册相关内容并在实训台架上进行验证后，确认图 4-13 所示的 A、B、C、D、E、F、G 快速插头的插头数量。

2. 导线长度的测量

测量图 4-13 所示的 h、i、j、k 的长度，以此计算各快速插头之间的导线长度。在计算该长度时，要在快速插头区预留适当的长度。

完成上述两个步骤后，绘制出公交车实训台架中硬盘录像机的布线图，将相关信息补充在图 4-20 中。

二、线束的制作

完成布线图的绘制后，接下来进行线束的制作。线束的制作包括导线的选择与裁剪、快速插头的制作、线束的制作 3 个步骤。

1. 导线的选择与裁剪

通过布线图可以确定线束中相关导线的信号类型、长度，接下来根据信号类型确定导线的颜色和线径。

导线颜色的选择一般遵循以下原则：

电源正极选择红色，电源负极和地（搭铁）线选择黑色，信号线可根据需求选择黄色、绿色、蓝色、橙色、棕色等。

导线截面积的选择一般遵循以下原则：

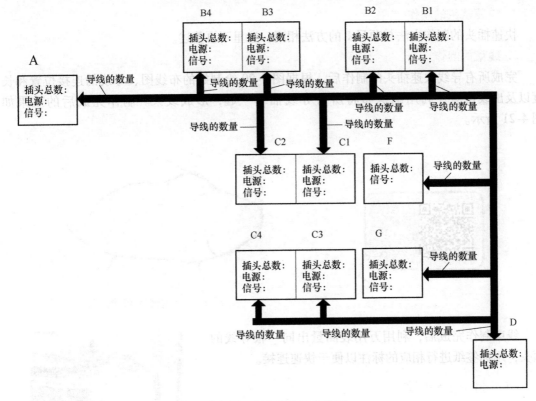

图 4-20　硬盘录像机布线图

电流小于 1A 大于 0.5A 的主电源线一般选择截面积为 0.75mm² 的导线，电流小于 0.5A 的主电源线一般选择截面积为 0.5mm² 的导线，信号线一般选择截面积为 0.3mm² 或者 0.5mm² 的导线。

根据上述原则和布线图，完成表 4-13 的导线选择。

表 4-13　导线选择

序号	颜色	截面积/mm²	长度/cm	数量/根

注：本次实训提供的截面积为 0.75mm² 的导线颜色有红色和黑色，截面积为 0.5mm² 的导线颜色有黄色、蓝色、绿色，截面积为 0.3mm² 的导线颜色有黄色、蓝色、绿色。

2. 快速接头的制作

快速插头的制作方法与项目 1 的方法相同，这里不再赘述。

3. 线束的制作

完成所有导线快速插头的制作后，根据图 4-20 绘制好的布线图、导线的连接位置和长度以及出线位置，利用绝缘布将所有导线捆绑一起，形成线束。制作完成后的效果如图 4-21 所示。

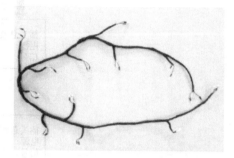

图 4-21　硬盘录像机线束效果

线束制作完成后，利用万用表测量出同一根导线的两头，用标签纸进行相应的标注以便于快速连接。

三、线束的连接

在进行线束的连接时，主要完成"显示屏接线区""摄像头接线区""硬盘录像机主机接线区""12V 电源接线区" 4 个部分的连接。通信天线和定位天线已固定位置，只需按要求正确连接即可。

1. 显示屏接线端的连接

显示屏接线区有 4 个快接插头，参见图 4-14 所示。显示屏连接完成的效果如图 4-22 所示。

2. 摄像头接线端的连接

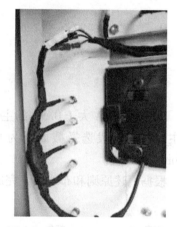

图 4-22　显示屏连接完成的效果

摄像头接线区有 4 组，分别连接 4 个摄像头，每个组有 3 个快接插头即电源端、地（搭铁）端和视频信号传输端，参见图 4-15 所示。摄像头连接完成的效果如图 4-23 所示。

图 4-23　摄像头连接完成的效果

3. 硬盘录像机主机视频信号输入端的连接

硬盘录像机主机视频信号输入接线区参见图 4-16 所示，硬盘录像机主机视频信号输入端连接完成的效果如图 4-24 所示。

4. 硬盘录像机主机电源与控制端的连接

硬盘录像机主机电源接线区主要是与电源和行车记录仪相连接，给硬盘录像机主机供电和控制硬盘录像机主机，参见图 4-17 所示。硬盘录像机主机电源与控制端连接完成的效果如图 4-25 所示。

图 4-24　硬盘录像机主机视频
信号输入端连接完成的效果

图 4-25　硬盘录像机主机电源
与控制端连接完成的效果

5. 硬盘录像机主机视频信号输出端的连接

硬盘录像机主机视频信号输出接线区主要是与显示屏接线区相连接，将视频信号传送到显示屏显示，参见图 4-18 所示。硬盘录像机主机视频信号输出端连接完成的效果如图 4-26 所示。

6. 主电源的连接

12V 电源接线区有两个快速插头，红色的是 12V 电源正极插头、黑色的是地线插头，两个插头分别与 12V 电源的正极和负极相连。ACC 及硬盘录像机主机电源与控制接线区的 ACC 相连接。

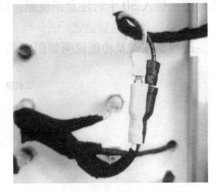

图 4-26　硬盘录像机主机视频
信号输出端连接完成的效果

四、相关信号的测量

完成上述连接后，可使用万用表对硬盘录像机主机、摄像头、显示屏的信号进行测量，完成表 4-14 的数据填写。

表 4-14　信号测量表

序号	测量点	插头颜色	标准值/V	测量值/V	误差原因
硬盘录像机主机测量区视频信号输入测量点					
1	电源	红色	12		
2	信号	黄色	1		
硬盘录像机主机测量区电源测量点					
3	电源	红色	12		
4	ACC	黄色	12		

（续）

序　号	测量点	插头颜色	标准值/V	测量值/V	误差原因
硬盘录像机主机测量区视频输出测量点					
5	信号	黄色	0.36		
摄像头测量区测量点					
6	电源	红色	12		
7	信号	黄色	1		
显示屏检测区测量点					
8	电源	红色	12		
9	信号	黄色	0.36		
10	地（搭铁）	黑色	0		

五、硬盘录像机主机操作

1. SD 卡安装

SD 卡座在主板上，从主机前端可以插入 SD 卡。安装时，将 SD 卡对准 SD 卡口按压到位即可。插入 SD 卡时注意正反面，反面向下。

2. 遥控器按键功能说明

遥控器按键及功能说明如图 4-27 所示。

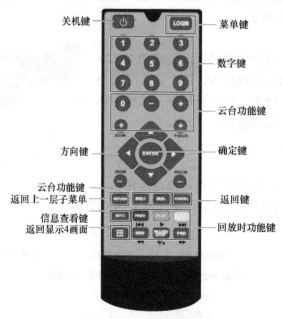

图 4-27　硬盘录像机遥控器按键及功能说明

MDVR 产品面板上没有直接的控制按钮，需要使用遥控器配合操作。遥控器按键及功能介绍如下。

（1）数字键区

1）【0-9】键：在设置状态下，数字输入键用于选择数字。在回放和预览时，1、2、3、4键用于通道之间的切换。

2）【+】、【-】键：调整数字增加或减少时使用。

（2）设置菜单导航

1）▲、▼：上、下光标方向移动键。

2）◀、▶：左、右光标方向移动键。

【ENTER】键：在设置状态下，表示选择和保存。

（3）其他按键功能 其他按键功能见表4-15。

表4-15 其他按键功能

关机	在预览画面下，按此键后本机关机（软关机键）
LOGIN	在录像机设有密码时，按下 LOGIN 键可输入密码 由于系统没有恢复和复位功能，请切记密码 没设密码，按下 LOGN 键可直接登陆主页面
INFO	信息查看，按此键可快速查看如 GPS、3G 等其他模块配置信息
田字键 数字键1、2、3、4	在监视画面下，用于4画面和单画面之间的切换；按下"田"字键显示4画面；按数字键1、2、3、4分别切换到单画面 CH1、CH2、CH3、CH4
RTURN/CANCEL	返回上一层子菜单。最终退出设置菜单并退出到监视画面
PAUSE/STEP	回放录像资料时的暂停播放和帧放键（帧放：单张图片播放，按一次此键播放下一张图片），按下播放键恢复到正常播放速度
GOTO	在录像回放时跳转到指定的时间点开始播放
PLAY	开始播放键（画面暂停时显示的是静止画面）
FWD	回放录像文件时的快进键，有4档：2×、4×、8×、16×
REW	回放图像文件时的快退键，有4档：2×、4×、8×、16×
PREV	在回放录像文件时的快放键，有3档：1/2、1/4、1/8
NEXT	在回放录像文件时的慢放键，有3档：1/2、1/4、1/8
AUTO、ZOOM +、ZOOM -、FOCUS +、FOCUS -、IRIS +、IRIS -	云台功能键

3. 硬盘录像机操作说明

硬盘录像机主菜单如图4-28所示。

各菜单项对应的功能定义如下：

<录像检索>：搜索硬盘/SD卡中存储的录像文件并进行回放等操作。

<录像设置>：设置录像的音视频参数、工作模式等。

<功能设置>：设置报警、云台、时间、网络等。

<系统信息>：显示序列号、版本号、MAC地址等系统信息。

<车辆信息>：设置车辆的车牌号、定时开关机、WIFI等。

图4-28　硬盘录像机主菜单

<显示设置>：设置监视画面和录像数据的内容，有显示信息、区域、颜色、音量等。

<密码管理>：设置机器密码。

<退出>：退出菜单界面，返回直通监视界面。

（1）直通预览界面　直通监视画面的有卡录像与无卡提示图如图4-29所示。

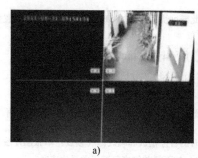
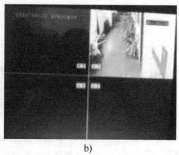

图4-29　直通监视画面的有卡录像与无卡提示图

a）无卡录像工作界面　b）有卡录像工作界面

直通预览界面会显示设备工作状态和各通道工作状态的提示信息，这些提示信息的含义如下：

【2011 - 8 - 31 09：54：34】显示系统时间。

【CHx】通道名称。

【● REC】表示录像正在进行。

【NO DISK】表示没有录像进行。

【GPS：NO....】当按遥控器"INFO"键时快速显示系统信息，如GPS等状态。

（2）录像检索　硬盘录像机录像检索操作如图4-30所示。

录像检索界面提供了对磁盘中存储的录像文件进行检索、回放和备份的功能。检索方式可选择快速精准时间定位、时间段录像状态浏览或详细录像文件浏览方式。

操作说明：

1）进入录像检索界面，默认为当前时间，直接单击搜索-详细文件，便可以回放或翻阅录像文件。

2）快速精准时间定位检索方式：输入要播放的录像日期和时间（默认为进入录像检索界面时的最后 1min）。

录像状态用颜色标注，红色为有报警录像的时间段，绿色为有普通录像文件的时间段，无颜色代表没有录像文件的时间段。

月份录像状态以天为单位，日录像状态以0.5h 为单位。

在当日录像状态中选中录像，可直接回放该时间段的录像。

图 4-30　录像检索图

3）详细录像文件浏览检索方式：如果检索到时间段录像，点击 <详细文件> 按钮，打开详细文件浏览界面，列表显示选中日期的录像文件，可以进行翻页浏览。

显示内容包括录像文件的起始时间、终结时间、文件大小、录像类型。

可以按录像类型筛选文件。

可以选择录像文件并对选中的录像文件进行备份。

（3）录像回放说明

1）有单路回放和多路同步回放两种方式。

2）可进行播放模式的控制，包括：正常播放、单帧播放、慢放、快进和快退，调整音量。

① 快进：2×（2 倍速）～16×（16 倍速）。

② 快退：2×（后退 1min）～16×（后退 8min）。

③ 跳转（GOTO）：弹出窗口，显示该播放文件的起始（start）到结束（end）时间范围，在时间编辑框里设置需要跳转的时间（要在起始与结束时间之前），退出编辑框，选择 <确定> OK！

例如，Start：［02：00：00］，end：［02：30：00］。

编辑 ［02：18：00］ 确定后就可以跳到 ［02：18：00］ 左右的时间点播放。

【考核标准】

本项目操作考核根据表 4-16 进行。

表 4-16　考核表

序号	操作项目	扣分标准	权重	得分	备注
1	6S 操作规范	不遵守安全操作流程，扣 5 分 不进行工位的 6S 整理，扣 2 分/处	10		
2	布线图的绘制	没有进行线束长度的测量，扣 3 分 线束没有预留长度，扣 3 分 没有统计插头数量，扣 2 分/个 没有标注线束导线数量，扣 5 分	20		

（续）

序号	操作项目		扣分标准	权重	得分	备注
3	线束的制作		导线的颜色选择不正确，扣2分/根	30		
			导线的长度裁剪不正确，扣2分/根			
			导线的颜色选择不正确，扣2分/根			
			导线的截面积选择不正确，扣2分/根			
			插头颜色选择不正确，扣1分/个			
			插头公、母类型选择不正确，扣1分/个			
			插头压接不牢固，扣1分/个			
			线束没有标注数字，扣1分/个			
			线束没有缠绕绝缘布，扣3分			
4	智能硬盘录像机各部分的连接	硬盘录像机主机的连接	硬盘录像机主机的电源连接错误，扣2分	12		
			硬盘录像机主机ACC控制信号连接错误，扣2分			
			硬盘录像机主机视频信号输入电源连接线接错，扣1分/个			
			硬盘录像机主机视频信号输入信号端线连接错，扣0.5分/个			
			硬盘录像机主机视频信号输出信号端线连接错，扣2分			
		摄像头的连接	摄像头视频信号输出电源连接错，扣1分/个	6		
			摄像头视频信号输出信号端线连接错，扣0.5分/个			
		显示屏的连接	显示屏信号线连接错误，扣2分	4		
			电源线连接错误，扣2分			
		主电源的连接	电源线连接错误，扣3分	3		
6	硬盘录像机视频查看		不会使用遥控器，扣5分	15		
			不会选择直通预览界面，扣5分			
			不会查看录像回放，扣5分			

🏠【项目小结】

本项目主要在智能公交车实训台架上完成公交车硬盘录像机的布局、线束制作、线束连接、信号测量、视频查看等任务，通过本项目的实施让学生能正确掌握硬盘录像机和公交车实训台架的基本结构和工作原理，会制作硬盘录像机的连接线束并进行线束的连接操作，会进行硬盘录像机视频查看及信号的测量操作，培养学生团队合作能力、自主学习与独立思维等情感能力。

项目 5
智能公交报站器的安装与调试

某公交公司新购入一辆大型公交车，应主管部门要求需要安装一套智能公交报站系统。请为该公交车设计合理的改装方案、设备布局、安装及走线方式，完成设备的安装、接线、调试并进行相关的测试。性能指标达到要求后，交付客户使用。

1. 知识目标

1）掌握智能公交报站系统的基本结构和工作原理。

2）掌握公交实训台架的基本结构和工作原理。

3）理解智能公交报站系统线束的制作流程及方法。

4）理解智能公交报站系统信号辨别及测量方法。

2. 技能目标

1）能在公交车实训台架上完成报站器、LCD 信息调度屏、通信天线、北斗定位天线的定位与安装。

2）能进行报站器、LCD 信息调度屏之间连接线束的制作。

3）能在公交车实训台架上完成报站器、LCD 信息调度屏的连接及线束的固定。

4）能在实训台架上完成公交报站器信号的测量。

5）能在公交车实训台架上完成公交报站器的设置。

3. 情感目标

1）树立服务意识、效率意识、规范意识；强化人际沟通、团队合作的能力。

2）培养爱岗敬业的职业道德和严谨务实勤快的工作作风；自我管理、自我修正的能力。

3）利用多种信息化平台进行自主学习的能力；制订工作计划、独立决策和实施的能力。

4）培养运用多方资源解决实际问题的能力；准确地自我评价能力和接受他人评价的能力。

5）培养自主学习与独立思维能力。

【相关知识】

一、智能公交报站器概述

（一）安装智能公交报站器的意义

随着国内经济的迅猛发展和汽车的普及，城市交通运输日益紧张。发展公共交通是缓解城市交通运输压力的有效方法。我国目前使用最为广泛的公共交通工具还是公交车，因此利用科技发展智能公交是必然趋势。

为了让更多的人选择公交出行，就必须改善公交的乘坐体验。这方面能做的工作有很多，其中智能报站功能是焦急等车的人们十分盼望的一个功能，能有效地提高乘车人的公交体验。

随着大城市发展步伐加快，人们对公交的服务更加迫切，公共汽车服务质量的衡量标准大致有两个：一个是运行速度的快慢，一个是报站是否准确。运行速度与城市的交通状况和车辆性能有关，这些因素都是较难改变的，而报站的准确与否却与车辆的报站系统有关，这可以使用先进的微控技术来优化。传统的人工报站误差很大，对于初到这个城市的乘客来说，会带来很大的不便。同时，人工报站无形中增加了公交驾驶员的劳动强度，分散了公交驾驶员的注意力，不利于乘客的乘车安全。因此安装智能公交报站器就是必然的了。

（二）智能公交报站器的功能

智能公交报站器具备如下功能：

定位：通过北斗定位系统实时定位，查询设备的位置信息、速度、方向。

智能自动报站：设备支持 GPS 全自动报站（掉头自动识别报站），打破传统手动切换上行、下行线路的方式，支持全自动切换上行、下行线路。

MP3 语音播报：设备采取 MP3 语音播报的方式，可对站名、广告内容、安全提示进行各种组合。

网络更新文件：支持 GPRS 网络远程修改 MP3 文件、远程修改站名、安全提示用语、各站点广告文件及内容。MP3 文件信息存储在 SD 卡中。

支持内、外扬声器：语音播报自带功放，驱动车扬声器播放，支持内、外两路音响输出。

行车安全提示：当车辆行驶到道路转弯、急弯等危险位置时，报站器会自动语音提示"前方急转弯，请坐好扶稳，注意安全"。

图片拍摄：智能报站器外接摄像头，在平台下发拍摄图片指令后，摄像头拍摄图片并通过智能报站器将图片传输回监控平台。

LED 显示屏：报站器具备 LED 显示屏接口，与 LED 显示屏连接后可以在 LED 显示屏上滚动显示各种广告、插播到站信息。广告发布平台可通过 GPRS 网络将广告信息经智能报站器发送到 LED 屏上。

LCD 显示屏：报站器具备 LCD 显示屏接口，显示到站的站名，可通过键盘操作手动报警。

超速报警：在平台管理软件中对设备设置一个超速报警的值，当车辆行驶速度超过设置的值以后，智能公交报站器自动超速提醒，同时平台收到超速报警提示。

电子围栏：在平台设置一个车辆活动的区域，当车辆驶出或驶入禁止活动的区域后，平台和终端都可以收到报警信息。

广告插播：可以远程方便地对站点广告内容进行修改、下发更新。

广播通知：可以通过监控管理平台向车辆发送语音文字通知，智能公交报站器用 TTS 文字播报的方式通知驾驶员以及乘务人员。

紧急求助：可以通过智能公交报站器的紧急呼叫按钮向监控管理平台发送紧急救助报警。监控平台可以通过平台确定车辆位置，从而迅速实施施救。

（三）智能公交报站器的结构及工作原理

智能公交报站器系统由通信天线、定位天线、智能公交报站器主机、LCD 信息调度屏、扬声器、电源等组成。其整体结构如图 5-1 所示。

1. 智能公交报站器主机及技术指标

（1）智能公交报站器主机　本项目实训台架的智能公交报站器主机实物如图 5-2 所示。

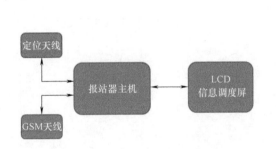

图 5-1　智能公交报站器整体结构

图 5-2　智能公交报站器主机实物

（2）智能公交报站器主机技术指标

① 电源电压：DC 8 ~ 35V。

② 静态电流：50mA。

③ 最大电流：500mA。

④ 声道数：2。

（3）智能公交报站器主机的输出接口　智能公交报站器主机正面接口如图 5-3 所示，它包括 2 路喇叭输出接口、2 个 LED 接口、1 个串行接口和 LCD 通信接口。本项目用到了 2 路喇叭输出接口和 LCD 通信接口，喇叭输出接口直接连接到 2 个扬声器，LCD 接口包含电源接口、地（搭铁）线接口、信号 1 与信号 2 输出。

智能公交报站器主机背面接口如图 5-4 所示，它包括 1 个咪头接口、1 个 GSM 天线接口、1 个 GPS 天线接口和电源 I/O 端口。

电源 I/O 端口接口定义如图 5-5 所示。

图 5-3　智能公交报站器主机正面接口

图 5-4　智能公交报站器主机背面接口

2. LCD 信息调度屏

LCD 信息调度屏用来显示汽车通过定位得到的站点，并进行相关站点的设定与修改。本项目实训台架的 LCD 信息调度屏如图 5-6 所示。

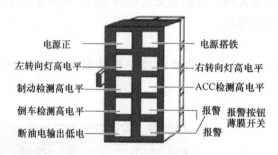

图 5-5　电源 I/O 端口接口定义

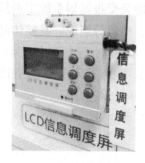

图 5-6　LCD 信息调度屏

（1）LCD 信息调度屏技术指标

① 商品尺寸：110 ×80 ×24mm。

② 显示点整：128 ×64。

③ 商品品牌：HS。

④ 材料组成：铝外壳型材。

⑤ 键盘数量：6 键。

⑥ 输入电压：DC 5V。

⑦ 功率消耗：＜100mA。

（2）LCD 信息调度屏基本功能

1）汉字语音播报。

2）RS232 接口。

3）自动识别汉字和数字。

4）背景音输出。

（3）LCD 信息调度屏业务功能

1）公交车调度显示。

2）速度，方向显示。

3）电话呼叫拨打。

3. 北斗定位天线

北斗定位天线的功能是用来捕捉卫星，接收卫星定位信息的，实物如图 5-7 所示。

图 5-7　北斗定位天线

北斗定位天线的参数见表5-1。

表5-1　北斗定位天线的参数表

序号	项目	技术参数
	天线	
1	天线模型	1575（25mm×25mm×4mm）
2	频率范围/MHz	1575.42±1.02
		1610±8
3	驻波	1.5:1
4	带宽/MHz	≥10（GPS）
		≥20（GLONASS）
5	阻抗/Ω	50
6	增益/dB	5（7cm×7cm）
7	极化方式	右旋圆极化 RHCP
	低噪声放大器	
1	频率范围/MHz	1575～1609
2	电压/V	3.0～5.0
3	增益/dB	30
4	输出驻波	1.5
5	噪声系数	1.5
6	电流/mA	13.5（电源电压5.0V）
	综合	
1	频率范围/MHz	1575～1609
2	输出驻波	1.5
3	增益/dB	30±3
4	阻抗/Ω	50

4. 通信天线

通信天线为发射机或接收机与传播无线电波的媒质之间提供所需要的耦合，接收或者发送电磁信号。通信天线如图5-8所示。

图5-8　通信天线

本项目用的通信天线参数见表5-2。

表 5-2　通信天线参数表

序号	项目	技术参数
1	频率范围/MHz	900～1800
2	频率宽度/MHz	90～170
3	驻波比	1.5∶1
4	增益/dB	3.5
5	最大功率/W	50
6	输入阻抗/Ω	50
7	天线极化	垂直
8	工作温度/℃	−40～85℃
9	储存温度/℃	−40～100℃
10	湿度	95%～100%
11	质量/g	<65
12	天线外形尺寸/mm×mm	22×115
13	电缆类型	RG174/80 编网（铜材）
14	电缆长度/m	标准 3 或 1.5
15	插接器型号	SMA 公头
16	外壳材质	ABS 胶
17	外壳颜色	黑色

二、实训台架工作原理

（一）实训台架布局

本项目在公交车实训台架上完成，本项目涉及定位天线、通信天线、报站器主机和 LCD 信息调度屏。该实训台架涉及智能公交报站器部分的结构如图 5-9 所示。

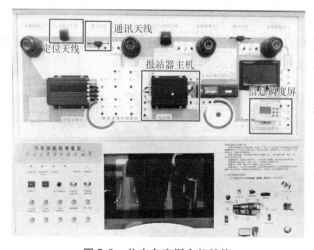

图 5-9　公交车实训台架结构

（二）信号测量区

智能公交报站器在公交车实训台架上设置 2 个信号测量区，分别是智能公交报站器主机相关的测量区和 LCD 信息调度屏测量区。

1. 智能公交报站器主机相关的测量区

智能公交报站器主机相关的测量区包括电源供电与控制测量区、LCD 通信测量区和声音输出测量区。智能公交报站器主机电源供电与控制测量区如图 5-10 所示。该测量区包括电源、ACC、地（搭铁）3 个测量插头，3 个插头测量时的电压值见表 5-3。

表 5-3　电源供电与控制测量区

插头颜色	信号类型	对地电压值/V
红色	报站器主机电源	12
黄色	ACC	12
黑色	电源搭铁	0

智能公交报站器主机与 LCD 通信测量区如图 5-11 所示。该测量区包括电源、信号 1、信号 2、地（搭铁）4 个测量插头，4 个插头测量时的电压值见表 5-4。

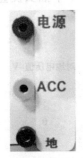

图 5-10　电源供电　　　　图 5-11　智能公交报站器主机与 LCD 通信测量区
与控制测量区

表 5-4　LCD 通信测量区

插头颜色	信号类型	对地电压值/V
红色	报站器主机电源输出	12
黄色	信号 1	5
绿色	信号 2	0
黑色	电源搭铁	0

图 5-12 所示为智能公交报站器主机的声音输出测量区。该测量区包括两对音频信号输出，有信号 1 + 和信号 1 −、信号 2 + 和信号 2 − 共 4 个测量插头，4 个插头测量时的电压值见表 5-5。

2. LCD 信息调度屏测量区

LCD 信息调度屏测量区有电源、信号 1、信号 2、地（搭铁）4 个测量插头，LCD 信息调度屏测量区的插头如图 5-13 所示。

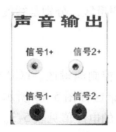

图 5-12　声音输出测量区

图 5-13　LCD 信息调度屏测量区

表 5-5　声音输出测量区

插头颜色	信号类型	对地电压值/V
黄色	信号 1 +	6
绿色	信号 1 -	6
黄色	信号 2 +	6
绿色	信号 2 -	6

该测量区包括电源、信号 1、信号 2、地（搭铁）4 个测量插头，4 个插头测量时的电压值见表 5-6。

表 5-6　LCD 信息调度屏测量区

插头颜色	信号类型	对地电压值/V
红色	信息调度屏电源	12
黄色	信号 1	5
绿色	信号 2	0
黑色	电源（搭铁）	0

（三）智能公交报站器系统的连接

智能公交报站器系统由通信天线、定位天线、智能公交报站器主机、LCD 信息调度屏、扬声器、电源连接而成。通信天线和定位天线的连接较简单，本项目不做介绍。智能公交报站器的接线布局如图 5-14 所示。

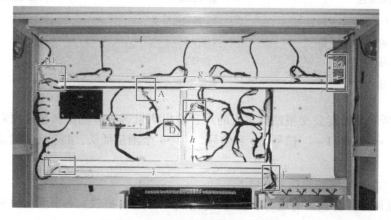

图 5-14　智能公交报站器的接线布局

在图 5-14 所示的接线布局中，A 为门声音输出接线区，B 为扬声器接线区，C 为智能公交报站器主机电源供电与控制接线区，D 为智能公交报站器主机与 LCD 通信接线区，E 为 LCD 信息调度屏接线区，F 为 12V 电源与控制接线区。图中，g、h、i 指相应区间段的长度。线束连接见表 5-7。

表 5-7　智能硬盘录像机的接线连接表

接线区	相连接线区
A 门声音输出接线区	B 扬声器接线区
B 扬声器接线区	A 门声音输出接线区
C 智能公交报站器主机电源供电与控制接线区	F 12V 电源与控制接线区
D 智能公交报站器主机与 LCD 通信接线区	E LCD 信息调度屏接线区
E LCD 信息调度屏接线区	D 智能公交报站器主机与 LCD 通信接线区
F 12V 电源与控制接线区	C 智能公交报站器主机电源供电与控制接线区

1. 声音输出接线区

声音输出接线区共有 4 个快速插头，为 2 组音频信号输出，分别是音频信号 1 正极、音频信号 1 负极、音频信号 2 正极、音频信号 2 负极。声音输出接线区如图 5-15 所示。

图 5-15 所示黄色插头为信号正极线插头，与扬声器正极相连；蓝色插头为信号负极线插头，与扬声器负极相连。

2. 扬声器接线区

扬声器接线区共有 4 个快速插头，为 2 组音频信号输入，分别是音频信号正极和音频信号负极。扬声器接线区如图 5-16 所示。

图 5-15　声音输出接线区

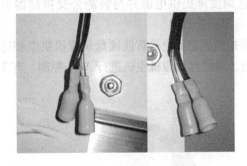

图 5-16　扬声器接线区

图 5-16 所示蓝色插头为扬声器音频信号连接线。

3. 智能公交报站器主机电源供电与控制接线区

智能公交报站器主机电源供电与控制接线区共有 3 个快速插头，分别是电源、地（搭铁）和 ACC，为智能公交报站器主机提供电源供电和 ACC 控制信号。其接线区如图 5-17 所示。

图 5-17 所示黄色插头为 ACC 信号线，红色插头为电源正极插头，黑色插头为电源负

极插头，与电源和 ACC 控制信号相连。

4. 智能公交报站器主机与 LCD 通信接线区

智能公交报站器主机与 LCD 通信接线区共有 4 个快速插头，分别是电源、地（搭铁）、信号 1 和信号 2，接线区如图 5-18 所示。

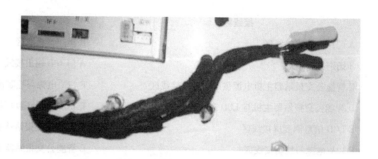

图 5-17　智能公交报站器主机　　　　图 5-18　智能公交报站器主机与 LCD 通信接线区
电源供电与控制接线区

图 5-18 所示黄色插头为信号 1 接线端口，蓝色插头为信号 2 接线端口，红色插头为电源正极接线端口，黑色插头为电源负极接线端口，与 LCD 信息调度屏相连，为 LCD 信息调度屏提供电源并与其通信。

5. LCD 信息调度屏接线区

LCD 信息调度屏接线区共有 4 个快速插头，分别是电源、地（搭铁）、信号 1 和信号 2，接线区如图 5-19 所示。

图 5-19 所示黄色插头为信号 1 接线端口，蓝色插头为信号 2 接线端口，红色插头为电源正极接线端口，黑色插头为电源负极接线端口，与智能公交报站器主机相连，为 LCD 信息调度屏提供电源并与智能公交报站器主机通信。

6. 电源接线区

电源接线区主要是给智能硬盘录像机供电和进行 ACC 控制，分别给硬盘录像机主机和显示屏供电，对硬盘录像机主机进行 ACC 控制，有 3 个快接端口，接线区如图 5-20 所示。

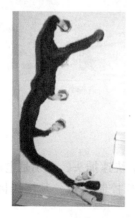
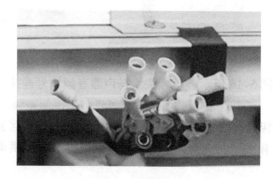

图 5-19　LCD 信息调度屏接线区　　　　图 5-20　电源接线区

图 5-20 所示电源线只用到了红色插头（12V 电源正极端）和黑色插头（搭铁端），分别接到硬盘录像机主机和显示屏。其中，有一个黄色的 ACC 快接端口，对智能公交报站器主机进行 ACC 控制。

【设备及工具】

1. 设备

1）实训台架：本项目可在智能公交车实训台架上实施。

2）计算机 1 台。

3）恒温电烙铁 1 个、热风枪 1 个。

2. 工具

1）数字万用表 1 个，型号为 UT890C。

2）棘轮式绝缘端子插簧压线钳 1 把，型号为 LY03C。

3）剥线钳、尖嘴钳、斜口钳、螺钉旋具、拆装工具 1 套。

3. 实训耗材

1）公、母对插电线插接器 MPD1—156/FRD1—156（红色、黑色、黄色、绿色、蓝色）。

2）导线：截面积为 0.5mm^2 单芯多股导线（黄色、绿色、蓝色）、截面积为 0.75mm^2 单芯多股导线（红色、黑色）。

3）自锁式尼龙扎带。

4）不干胶小标签贴纸。

5）汽车绒布胶带 1 卷。

6）热缩套管（φ2、φ3、φ4、φ5）若干。

7）间距 5557/5559 插接器：2×1P、2×2P、2×3P。

【操作方法及步骤】

本项目的操作主要包括线束的制作、线束的连接、报站器的调试 3 个步骤。

一、布线图的绘制

在公交车实训台架上进行智能公交报站器的接线操作时，报站器、LCD 信息调度屏、扬声器、电源之间的连线参见图 5-14。

1. 快速插头数量的确定

通过查阅学习手册相关内容并在实训台架上进行验证后，确认图 5-14 所示的 A、B、C、D、E、F 快速插头处的插头数量。

2. 导线长度的测量

测量图 5-14 所示的 g、h、i 的长度，以此计算各快速插头之间的导线长度。在计算该长度时，要在快速插头区预留适当的长度。

完成上述两个步骤后，绘制出物流运输车实训台架中物流终端的布线图，将相关信息补充到图 5-21 中。

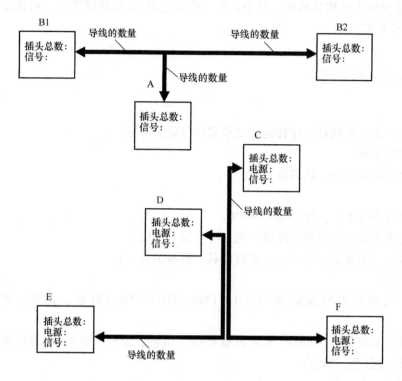

图 5-21　智能公交报站器布线

二、线束的制作

完成布线图的绘制后，接下来进行线束的制作。线束的制作包括导线的选择与裁剪、快速插头的制作、线束的制作 3 个步骤。

1. 导线的选择与裁剪

通过布线图可以确定线束中相关导线的信号类型、长度，然后根据信号类型确定导线的颜色和线径。

导线颜色的选择一般遵循以下原则：

电源正极选择红色，电源负极和地（搭铁）线选择黑色，信号线可根据需求选择黄色、绿色、蓝色、橙色、棕色等。

导线截面积的选择一般遵循以下原则：

电流小于 1A 大于 0.5A 的主电源线一般选择截面积为 $0.75mm^2$ 的导线，电流小于 0.5A 的主电源线一般选择截面积为 $0.5mm^2$ 的导线，信号线一般选择截面积为 $0.3mm^2$ 或者 $0.5mm^2$ 的导线。

根据上述原则和布线图，完成表 5-8 的导线选择。

2. 快速插头的制作

快速插头的制作方法与项目 1 的方法相同，这里不再赘述。

表 5-8　导线选择

序号	颜色	截面积/mm²	长度/cm	数量/根

注：本次实训提供的截面积为 0.75mm² 的导线颜色有红色和黑色，截面积为 0.5mm² 的导线颜色有黄色、蓝色、绿色，截面积为 0.3mm² 的导线颜色有黄色、蓝色、绿色。

3. 线束的制作

完成所有导线快速插头的制作后，根据图 5-21 绘制好的布线图中导线的连接位置和长度以及出线位置，利用绝缘布将所有导线捆绑在一起形成线束。制作完成的效果如图 5-22 所示。

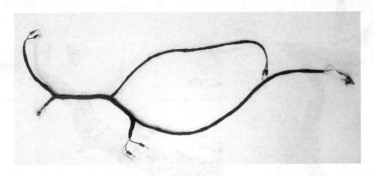

图 5-22　公交报站器线束完成的效果

线束制作完成后，利用万用表测量出同一根导线的两头，用标签纸进行相应的标注以便于快速连接。

三、线束的连接

在进行线束的连接时，主要完成智能公交报站器主机接线区、LCD 信息调度屏接线区、扬声器接线区、12V 电源接线区四个部分的连接。通信天线和定位天线已固定位置，只需按要求正确连接即可。

1. 声音输出的连接

声音输出接线区参见图 5-15，声音输出连接完成的效果如图 5-23 所示。

2. 扬声器连接

扬声器接线区参见图 5-16，扬声器连接完成的效果如图 5-24 所示。

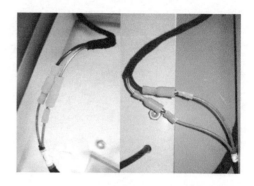

图 5-23　声音输出连接完成的效果　　　　图 5-24　扬声器连接完成的效果

3. 智能公交报站器主机电源供电与控制接线区

智能公交报站器主机电源供电与控制接线区参见图 5-17，其连接完成的效果如图 5-25 所示。

4. 智能公交报站器主机与 LCD 通信接线区

智能公交报站器主机与 LCD 通信接线区参见图 5-18 所示，其连接完成的效果如图 5-26 所示。

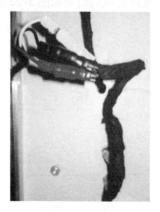
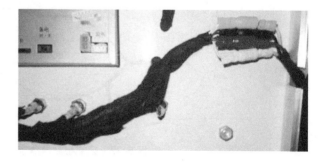

图 5-25　智能公交报站器主机电源　　　　图 5-26　智能公交报站器主机与
供电与控制连接完成的效果　　　　　　　　LCD 通信连接完成的效果

5. LCD 信息调度屏接线区

LCD 信息调度屏接线区参见图 5-19，其连接完成的效果如图 5-27 所示。

6. 电源与控制接线区

电源接线区参见图 5-20，其连接完成后的效果如图 5-28 所示。

图 5-27　LCD 信息调度屏连接完成的效果

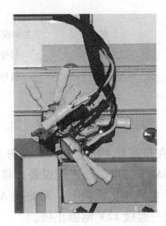

图 5-28　电源与控制接线区连接完成的效果

四、相关信号的测量

完成上述连接后，可使用万用表对智能公交报站器主机、LCD 信息调度屏的信号进行测量，完成表 5-9。

表 5-9　信号测量

序号	插头颜色	测量点	标准值/V	测量值/V	误差原因
智能公交报站器主机-电源供电与控制测量					
1	红色	电源	12		
2	黄色	ACC	12		
3	黑色	电源搭铁	0		
智能公交报站器主机与 LCD 通信信号测量					
4	红色	电源输出	12		
5	黄色	信号 1	5		
6	绿色	信号 2	0		
7	黑色	电源搭铁	0		
智能公交报站器主机-声音输出测量					
8	黄色	信号 1 +	6		
9	绿色	信号 1 −	6		
10	黄色	信号 2 +	6		
11	绿色	信号 2 −	6		

（续）

序号	插头颜色	测量点	标准值/V	测量值/V	误差原因
LCD 信息调度屏测量区					
12	红色	信息调度屏电源	12		
13	黄色	信号 1	5		
14	绿色	信号 2	0		

五、智能公交报站器调试

1）在报站器主机上放入一张开通 GPRS 流量套餐并具有短信功能的 SIM 卡，电源线连接设备，将电源线束的电源正、负极分别接到 12V 电源正、负极上。需要接 ACC 时接上 ACC，ACC 可跟电源正极线一起接 12V 电源正极。

2）接上定位、通信天线、喇叭以及 LED 显示屏。

3）待设备定位上线后，使用 PC 端软件添加设备的站点信息。

4）通过按 LED 显示屏上的进站、出站按钮，观察喇叭是否会有对应的提示音发出。如果没有提示音，则检查喇叭线束是否接好或者损坏；如果有对应的提示音，则设备初步调试成功。

【考核标准】

本项目操作考核根据表 5-10 进行。

表 5-10　操作考核表

序号	操作项目	扣分标准	权重	得分	备注
1	6S 操作规范	不遵守安全操作流程，扣 5 分 不进行工位的 6S 整理，扣 2 分/处	10		
2	布线图的绘制	没有进行线束长度的测量，扣 3 分 线束没有预留长度，扣 3 分 没有统计插头数量，扣 2 分/个 没有标注线束导线数量，扣 5 分	20		
3	线束的制作	导线的颜色选择不正确，扣 2 分/根 导线的长度裁剪不正确，扣 2 分/根 导线的颜色选择不正确，扣 2 分/根 导线的截面积选择不正确，扣 2 分/根 插头颜色选择不正确，扣 1 分/个 插头公、母类型选择不正确，扣 1 分/个 插头压接不牢固，扣 1 分/个 线束没有标注数字，扣 1 分/个 线束没有缠绕绝缘布，扣 3 分	30		

（续）

序号	操作项目		扣分标准	权重	得分	备注
4	智能公交报站器各部分的连接	智能公交报站器主机	ACC 信号线连接错误，扣 2 分 电源线连接错误，扣 2 分 声音输出测量线连接错误，扣 2 分 智能公交报站器主机与 LCD 通信电源线接错误，扣 2 分 智能公交报站器主机与 LCD 通信信号线接错误，扣 2 分	10		
		LCD 信息调度屏的连接	LCD 信息调度屏电源线接错误，扣 2 分 LCD 信息调度屏信号线接错误，扣 2 分	4		
		扬声器的连接	两组信号线没有做相关标注，扣 2 分 扬声器线连接错误，扣 2 分	4		
		主电源的连接	电源线连接错误，扣 2 分	2		
5	通信天线、定位天线与报站器主机的连接		没有正确连接通信天线，扣 5 分 没有正确连接定位天线，扣 5 分	10		
6	智能公交报站器调试		不会装入 SIM 卡，扣 5 分 不会操作 LCD 信息调度屏，扣 5 分	10		

【项目小结】

本项目主要在公交车实训台上完成智能公交报站器的布局、线束制作、线束连接、信号测量、报站器调试等任务，通过本项目的实施让学生能正确掌握智能公交报站器和公交车实训台的基本结构和工作原理，会制作智能公交报站器的连接线束并进行线束的连接操作，会进行智能公交报站器调试及信号的测量操作，培养学生团队合作能力、自主学习与独立思维等情感能力。

项目6
智能 DVD 导航的安装与调试

🏠【项目说明】

某客户新购买一辆宝来汽车，需要对原装中控 CD 机进行改装与升级，加装一台智能 DVD 导航设备。请制订合理的改装方案，完成设备的安装、接线、调试工作并进行相关的测试，使各项性能达标后交付客户使用。

🏠【项目要求】

1. 知识目标

1）能正确讲述智能 DVD 导航系统的基本结构和工作原理。

2）能正确讲述私家车实训台架的基本结构和工作原理。

3）能正确讲述智能 DVD 导航线束的制作流程及方法。

4）能正确讲述汽车功能线信号辨别及测量方法。

2. 技能目标

1）能在私家车实训台架上完成智能 DVD 导航、GPS 定位天线的定位与安装。

2）能进行汽车功能线、智能 DVD 导航、喇叭之间连接线束的制作。

3）能在私家车实训台架上完成智能 DVD 导航、GPS 定位天线、喇叭及汽车功能线的连接及线束的固定。

4）能在私家车实训台架上完成汽车功能信号的测量。

5）能在私家车实训台架上完成智能 DVD 导航的调试。

3. 情感目标

1）树立服务意识、效率意识、规范意识；强化人际沟通、团队合作的能力。

2）培养爱岗敬业的职业道德和严谨务实勤快的工作作风；自我管理自我修正的能力。

3）利用多种信息化平台进行自主学习的能力；制订工作计划、独立决策和实施的能力。

4）培养运用多方资源解决实际问题的能力；准确地自我评价能力和接受他人评价的能力。

5）培养自主学习与独立思维能力。

【相关知识】

一、智能 DVD 导航概述

车载 DVD 导航是一种具有 DVD 播放、MP4 和 MP3 播放、收音机和导航等功能的车载主机，它一般用来取代原车的 CD 主机。如果是专车专用设计，它的电源插头、音响线将与原车完全对插，不改变原车任何线路，并且外观、尺寸与原车风格统一；有视频输入口的还可加装倒车摄像头。车载 DVD 导航实物如图 6-1 所示。

（一）智能 DVD 导航的功能

1. 实景 3D 地图导航

最新 800×480 分辨率高清 3D 实景地图，覆盖全国 1200 个城市，750 万个服务信息点，支持各种安全提示（如超速、道路信号灯、电子眼等），自动路径规划，让行车畅通无阻。

图 6-1　智能 DVD 导航实物

2. 真彩高清数字屏

真彩高清数字屏，800×480 分辨率，最新显示处理技术，高动态对比度，可呈现高清的车载 dvd 导航画质。

3. 智能数字操作平台

基于 ARM 构架 Windows CE 智能操作系统集成开发，系统运行更稳定，速度更快捷，功能更强大。

4. 支持 CMMB 数字电视

可支持 CMMB 数字电视，在行车过程中随时收看高清节目，第一时间了解全球最新信息，满足用户全方面的需求。

5. 支持倒车后视

支持倒车后视车载摄像头，解决车主倒车难题，避免擦车等烦恼，为车主带来更多便利。

6. 支持碟箱功能

解决导航改装烦恼，支持 DVD/CD 多碟箱功能，播放时间更长久，避免驾驶中取碟、换碟带来的安全隐患。

7. 一键式蓝牙免提

内置蓝牙免提装置，实现行车过程中一键通话功能，让驾车过程中双手专注于驾驶，在安全行车的同时也能通话。

8. FM/AM 收音

内置超强收音模块，支持 FM/AM 收音，收听最新实时路况以避开拥堵路段，支持 30 个电台自动存储，避免搜台烦恼。

9. 多媒体播放

支持 DVD/VCD/CD/MP4/MP3 等媒体播放，支持 DVD 等遥控器/全屏触摸控制。最新多媒体数字处理技术，音、画播放俱佳，给枯燥的驾车过程带来丰富的多元化娱乐享受。

10. 数码高、低音控制

数码高、低音处理技术，灵活调节高、低音中心频点，提供最佳聆听位，满足车主不同的听觉享受。

11. 支持 SD/USB

预留 SD/USB 接口，支持 SD/USB/硬盘等大容量网络多媒体资源载入，更多娱乐唾手可得，体验车载导航系统带来的愉悦生活。

12. 支持画中画

在播放电视、GPS 的同时又能放 DVD。

（二）智能 DVD 导航的分类

1. 按车型导航分

1）专车专用型 DVD 导航：一个机器专配一款车型（多数需拆除原车 CD 机）。

2）通用型：加框可改装各种车型。

3）分体机：专车专用导航细分产品，不拆除原车 CD 机等零部件，升级 DVD 导航产品。

2. 按使用功能导航分类

（1）传统手写导航　需手动输入。

（2）声控导航　声控导航分为真人秘书服务声控导航和人机对话声控导航。真人秘书服务声控导航分为如下两种：

1）蓝牙一键通声控导航。该导航的优势是直接利用手机蓝牙和车载导航主机连接，蓝牙首次连接后，后续会自动连接，信号稳定，品质可靠。

2）外加通信盒声控导航。该导航的缺点是外加通信盒，当进入信号较差的区域时，手机有信号而车载导航可能没有信号。另外，相比蓝牙一键通，还需加配通信盒及电话卡，使用比较很麻烦。

（三）智能 DVD 导航的工作原理

车用导航系统主要由导航主机和导航显示终端两部分构成。内置的 GPS 天线会接收到来自环绕地球的 24 颗 GPS 卫星中的至少 3 颗所传递的数据信息，由此测定汽车当前所处的位置。导航主机通过 GPS 卫星信号确定的位置坐标与电子地图数据相匹配，便可确定汽车在电子地图中的准确位置。

在此基础上，将会实现行车导航、路线推荐、信息查询、播放 AV/TV 等多种功能。驾驶者只需通过观看显示器上的画面、收听语音提示，操纵手中的遥控器即可实现上述功能，从而轻松自如地驾车。

1. 系统要素

智能 DVD 导航系统的要素主要包括卫星信号、信号处理、地图数据。

（1）卫星信号　汽车卫星导航系统需要依靠全球定位系统（GPS）来确定汽车的位置。定位最基本的条件是 GPS 需要知道汽车的经度和纬度，在某些特殊情况下，GPS 还要知道海拔才能准确定位。有了这 3 组数据，GPS 定位的准确性经常就可以达到 2～3m。

因为 GPS 需要汽车导航系统在同步卫星的直接视线之内才能工作，所以隧道、桥梁或是高层建筑物都会挡住这直接视线，使得导航系统无法工作。再者，导航系统是利用三角、几何的法则来计算汽车位置的，所以汽车至少要同时在 3 个同步卫星的视线之下才能确定位置。在导航系统直接视线范围内的同步卫星越多，定位就越准确。当然，大多数的同步卫星都是在人口密集的大城市的上空，所以当远离城区时，导航系统的效果就不会太好了，甚至根本就不能工作。

（2）信号处理　GPS 系统的工作原理是解析从同步卫星那里接收到的信号，投影在竖直的平面上，这些信号可以形象地表示为一个个的倒漏斗形，当这些"漏斗"的下半部分有一定的重叠时，GPS 的解析程序就能够计算出汽车所在位置的坐标。在汽车行驶的过程中，一个类似于飞机或轮船导航用的陀螺仪的装置可以连续地提供汽车的位置。在卫星信号有所间断时，计速器提供数据用来填补其中的空白，并用来记载行驶时间。

（3）地图数据　导航系统能否正常运转取决于导航系统是否完善。导航电子地图主要包括两个方面：第一个就是需要使用地图而且必须要是电子版本，而且要求有较高的准确度；第二是在事件发生的实际时间显示电子地图，如果想要让电子地图能够做到实时显示，就要使电子地图数据以及高效能的索引机制巧妙地结合起来，只有这样才能通过导航使驾驶人得到指引。

当 GPS 提供的坐标信息重叠到电子地图上时，驾驶人就可以看到目前所处的位置以及确定方向了。这最后一个环节称为成图，也是车载导航系统中最重要的一环。离开了成图，导航系统就等于没有了方向。

地图数据库来源于多种渠道，其中最主要的来源是城市政府机关提供的街区数据库。对一个好的车载导航系统来说，地图的数量、准确程度以及数据的及时性都很重要。不管 GPS 提供的坐标位置有多么准确，如果导航系统不能提供驾驶人所在地区的地图，或是提供的地图有错误，导航系统就可以说是毫无价值。因而，购买车载卫星导航系统时，要注意以下事项：

第一，检查、测试系统的准确性。驾车到数个熟悉的路段或是新近开张的酒店处，看一看系统是否能够准确显示汽车的位置。因为街道、路段总是在不断地变化，导航系统也必须提供定期的更新服务。

第二，考虑系统的存储能力。车载导航系统一定要有相应大的硬盘内存。

第三，图像显示。车载导航系统的图像显示屏幕可以装在汽车的驾驶仪表盘上，也可以投射到手提计算机甚至掌上型计算机的屏幕上。为了适应不同的天气和光线条件，图像显示屏幕下必须有足够强的亮度，还要有足够的面积和好的分辨率。

2. 系统组成

汽车 GPS 导航系统由两部分组成：一部分由安装在汽车上的 GPS 接收机和显示设备组

成，另一部分由计算机控制中心组成，两部分通过定位卫星进行联系。

计算机控制中心是由机动车管理部门授权和组建的，它负责随时观察辖区内指定监控的汽车的动态和交通情况，因此整个汽车导航系统至少有两大功能：一个是汽车踪迹监控功能，只要将已编码的 GPS 接收装置安装在汽车上，该汽车无论行驶到任何地方都可以通过计算机控制中心的电子地图指示出它的所在方位；另一个是驾驶指南功能，车主可以通过各个地区的交通线路电子图了解该车所在地区的位置及目前的交通状态，既可输入要去的目的地，预先编制出最佳行驶路线，又可接受计算机控制中心的指令，选择汽车行驶的路线和方向。

3. 定位原理

（1）基于航迹推算（DRS）的导航原理　早在 20 世纪 70 年代末就有人对车载定位导航展开研究，在那个年代是通过推演和测算运行轨迹以及地图的配比去确定车辆的具体位置以及如何到达这个位置。航迹推算（DRS）实质上就是将车辆行驶当成是二维的平面运动，依据其出发位置以及最开始的角度，每时每刻测量车辆行驶长度的变化以及角度的变化，再使用地图配比去演算推测车辆的位置。这个方法实现起来比较困难，准确率也不高。对 DRS 的研究为之后的定位科研奠定了基础。

（2）基于全球定位系统（GPS）的导航原理　20 世纪 90 年代后期，IT 行业的场频不断更新、人造卫星技术逐渐成熟，而且通信设施也在逐步发展，从而发明出了卫星定位系统。

GPS 由 24 颗工作卫星组成，它距地表 20200km，均匀分布在 6 个轨道面上（每个轨道面 4 颗），轨道倾角为 55°。此外，还有 4 颗有源备份卫星在轨运行。卫星的分布使得在全球任何地方、任何时间都可观测 4 颗以上的卫星，并能保持良好定位解算精度的几何图像。这就提供了在时间上连续的全球导航能力。

由于卫星的位置精确可知，在 GPS 观测中，可得到卫星到接收机的距离，根据三维坐标中的距离公式，利用 3 颗卫星就可以组成 3 个方程式，解出观测点的位置 (X, Y, Z)。考虑到卫星的时钟与接收机时钟之间的误差，实际上有 4 个未知数，X、Y、Z 和钟差，因而需要引入第 4 颗卫星，形成 4 个方程式进行求解，从而得到观测点的经纬度和高程。

事实上，接收机往往可以锁定 4 颗以上的卫星，这时，接收机可按卫星的星座分布分成若干组，每组 4 颗，然后通过算法挑选出误差最小的一组用作定位，从而提高精度。

由于卫星运行轨道、卫星时钟存在误差，大气对流层、电离层对信号的影响，以及人为的 SA 保护政策，使得民用 GPS 的定位精度只有 100m。为提高定位精度，普遍采用差分 GPS（DGPS）技术，建立基准站（差分台）进行 GPS 观测，利用已知的基准站精确坐标与观测值进行比较，从而得出一个修正数并对外发布。接收机收到该修正数后，与自身的观测值进行比较，消去大部分误差，得到一个比较准确的位置。实验表明，利用差分 GPS 时定位精度可提高到 5m。

GPS 出现之后，为全球各国提供了准确定位的技术支持。卫星定位相对于航迹推算来讲提高了精准度。通过 GPS 以及航迹推算这些技术，定位的精准度可以达到 1cm，彻底实现了精准定位。由于 GPS 精度高，而且物美价廉，所以很多部门以及政府都运用这项定位科技。另外，现在经常使用的还有根据移动的通信网络确定具体位置以及根据人体的视网膜确定位置的科技等。这些技术一定要有秩序地组织使用，不能单独使用。

二、实训台架工作原理

（一）实训台架布局

在私家车实训台架上的相应位置确定智能 DVD 导航主机、北斗定位天线、汽车功能线模拟区的安装位置。以私家车实训台架为例，实训台架的布局如图 6-2 所示。

私家车实训台架中智能 DVD 导航部分主要包括车载 DVD 导航、汽车功能线模拟区、汽车功能线测量区、北斗天线、多媒体喇叭。

（二）汽车功能线模拟区

汽车功能线模拟区与前面项目基本相同，本项目智能 DVD 导航的安装与调试，仅用到功能线区的 ACC 控制开关和倒车开关。

（三）智能 DVD 导航系统工作原理

DVD 导航主机与私家车实训台架上的汽车功能线接线区、倒车摄像头、多媒体喇叭（在实训台架的两侧）的连接关系如图 6-3 所示。

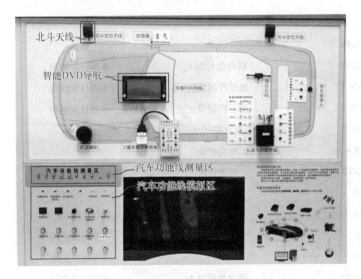

图 6-2　私家车实训台架整体布局

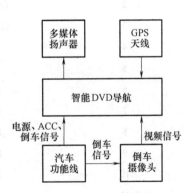

图 6-3　智能 DVD 导航系统原理

在图 6-3 中，多媒体喇叭与智能 DVD 导航主机输出端口中的喇叭输出接口相连；GPS 天线与智能 DVD 导航上的天线接口相连；汽车功能线接线区的"电源""ACC""倒车信号"与智能 DVD 导航主机输出端口中的"电源""ACC""倒车信号"端口相连；倒车摄像头的视频信号输出与智能 DVD 导航主机的倒车视频信号接口相连，倒车摄像头电源与汽车功能线接线区的"倒车信号"相连。

（四）智能 DVD 导航系统相关设备接口定义

1. 智能 DVD 导航输出接口定义

智能 DVD 导航背面接线区包括 GPS 天线接口、倒车视频信号输入接口、电源及信号接口、音视频输入输出接口，区域分布如图 6-4 所示。

在本项目中只用到 GPS 天线接口、倒车视频信号输入接口、电源及信号接口，音视频输入输出接口不用。智能 DVD 导航电源及信号接口的引脚排序如图 6-5 所示。

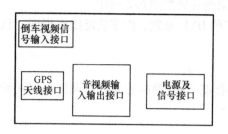

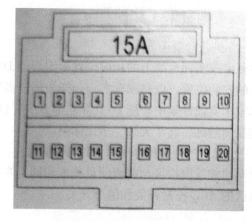

图 6-4　智能 DVD 导航背面接口分布　　　图 6-5　智能 DVD 导航电源及信号接口的引脚排序

电源及信号接口各类型及定义见表 6-1。

表 6-1　电源及信号接口定义

引脚序号	名称	作用	备注
1	KEY1	转向盘控制 1	本项目未使用
2	CAN-TX	协议控制线负	本项目未使用
3	CAN-RX	协议控制线正	本项目未使用
4	ACC	点火控制线	
5	B+	电源正极	
6	GND	电源负极	
7	FL-	前左喇叭负	
8	FL+	前左喇叭正	
9	RL-	后左喇叭负	本项目未使用
10	RL+	后左喇叭正	本项目未使用
11	KEY2	转向盘控制 1	本项目未使用
12	BACK CAR	倒车控制线	
13	ILL	示宽灯控制线	本项目未使用
14	PRAKE	驻车制动检测线	本项目未使用
15	RA-ANT	收音自动天线	本项目未使用
16	POWER-AMP	功放控制线	本项目未使用
17	FR-	前右喇叭负	本项目未使用
18	FR+	前右喇叭正	本项目未使用
19	RR-	后右喇叭负	
20	RR+	后右喇叭正	

2. 汽车功能线接线区定义

私家车实训台架的汽车功能线接线区如图 6-6 所示。

私家车实训台架的汽车功能线的输出汽车功能信号主要有：12V 电源正、电源负、远程开锁、远程关锁、行李舱门控制开关、原车开锁、左右转向灯控制开关、ACC 发动机控制开关、倒车开关。本项目使用的是 12V 电源正、电源负、ACC、倒车信号，各信号类型见表 6-2。

表 6-2　智能 DVD 导航汽车功能线定义

序号	颜色	功能	信号描述	序号	颜色	功能	信号描述
1	黑色	电源负极	正 12V 电源地	3	—	ACC 信号线	输出 12V 电压有效
2	红色	电源正极	正 12V 电源正极	4	—	倒车信号线	输出 12V 电压有效

3. 倒车摄像头接线区定义

智能 DVD 导航与倒车摄像头相连，在汽车进入倒档后，采集汽车尾部的图像在智能 DVD 导航的屏幕上显示，用于辅助车主观察车后状况。私家车实训台架上倒车摄像头接线区如图 6-7 所示。

实训台架上倒车摄像头接线区共有 3 个插头，分别是黄色的视频信号输出莲花插头、红色的倒车信号插头、黑色的地线插头。

视频信号输出插头与智能 DVD 导航的倒车视频信号输入插头相连，红色的倒车信号插头与汽车功能线接线区的倒车信号线相连，黑色的地（搭铁）线插头与汽车功能线接线区的电源负极相连。

4. 多媒体喇叭接线区定义

私家车实训台架的多媒体喇叭接线区共有两个，如图 6-8 所示。

图 6-6　汽车功能线接线区

图 6-7　倒车摄像头接线区

图 6-8　多媒体喇叭接线区

多媒体喇叭接线区共有两个插头，分别与智能 DVD 导航主机上的"电源及信号接口"中的"喇叭负"和"喇叭正"相连。

【设备及工具】

1. 设备

1）私家车实训台架。

2）计算机 1 台。

3）恒温电烙铁 1 个、热风枪 1 个。

2. 工具

1）数字万用表 1 个，型号为 UT890C。

2）棘轮式绝缘端子插簧压线钳 1 把，型号为 LY03C。

3）剥线钳、尖嘴钳、斜口钳、螺钉旋具、拆装工具 1 套。

3. 实训耗材

1）公、母对插电线插接器 MPD1-156/FRD1-156（红色、黑色、黄色、绿色、蓝色）。

2）导线：截面积为 0.5mm² 的单芯多股导线（黄色、绿色、蓝色）、截面积为 0.75mm² 的单芯多股导线（红色、黑色）。

3）自锁式尼龙扎带。

4）不干胶小标签贴纸。

5）汽车绒布胶带 1 卷。

6）热缩套管（φ2、φ3、φ4、φ5）若干。

7）间距 5557/5559 插接器：2×1P、2×2P、2×3P。

【操作方法及步骤】

本项目的操作主要包括线束的制作、线束的连接、智能 DVD 导航主机的调试 3 个步骤。

一、布线图的绘制

在私家车实训台架上实现智能 DVD 导航的接线操作时，各部件之间的连线示意图如图 6-9 所示。

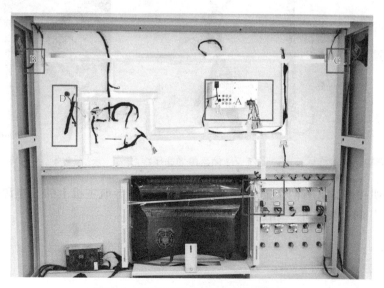

图 6-9　智能 DVD 导航的连线示意图

1. 快速插头数量的确定

通过学习前面项目中实训台架工作原理的相关内容并在实训台架上进行验证后，确认图 6-9所示 A、B、C、D、E 处快速插头的插头数量和颜色。

2. 导线长度的测量

测量图 6-9 所示的 A、B、C、D、E 各部件之间黄色线段的长度，以此计算 A、B、C、D、E 各部件之间的导线长度。在计算该长度时，要在快速插头区预留适当的长度。

完成上述两个步骤后，绘制出私家车实训台架中智能 DVD 导航的安装与调试项目的布线图，将相关信息补充到图 6-10 中。

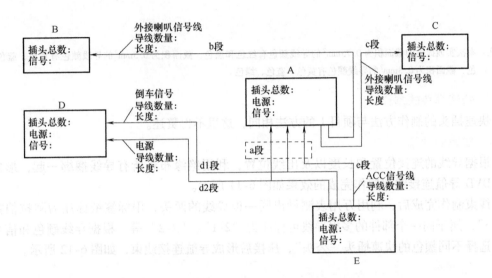

图 6-10　私家车实训台架智能 DVD 导航布线图

二、线束的制作

完成布线图的绘制后，接下来进行线束的制作。线束的制作包括导线的选择与裁剪、快速插头的制作、线束的制作 3 个步骤。

1. 导线的选择与裁剪

通过布线图可以确定线束中相关导线的信号类型、长度，接下来根据信号类型确定导线的颜色和线径。

导线颜色的选择一般遵循以下原则：

电源正极选择红色，电源负极和地（搭铁）线选择黑色，信号线可根据需求选择黄色、绿色、蓝色、橙色、棕色等。

导线截面积的选择一般遵循以下原则：

电流小于1A 大于 0.5A 的主电源线一般选择截面积为 0.75mm² 的导线，电流小于 0.5A 的主电源线一般选择截面积为 0.5mm² 的导线，信号线一般选择截面积为 0.3mm² 或者 0.5mm² 的导线。

根据上述原则和布线图，完成表 6-3 的导线选择。

表 6-3　导线选择表

序号	颜色	截面积/mm²	长度/cm	数量/根

注：本次实训提供的截面积为 0.75mm² 的导线颜色有红色和黑色，截面积为 0.5mm² 的导线颜色有黄色、蓝色、绿色，截面积为 0.3mm² 的导线颜色有黄色、蓝色、绿色。

2. 快速插头的制作

快速插头的制作方法与项目 1 的方法相同，这里不再赘述。

3. 线束的制作

根据导线的连接位置和长度以及出线位置，利用绝缘布将所有导线捆绑一起，形成线束。DVD 导航连接线束制作完成的效果如图 6-11 所示。

线束制作完成后，利用万用表测量出同一根导线的两头，用标签纸标注为阿拉伯数字"1-13"，属于同一个部件的多根导线可标注为"2-1"、"2-2"等。根据导线颜色和信号类型，选择不同颜色的快速插头"公头"，压接后形成导航连接线束，如图 6-12 所示。

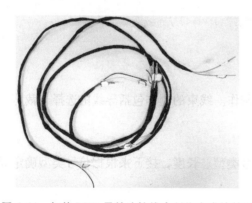

图 6-11　智能 DVD 导航连接线束制作完成的效果

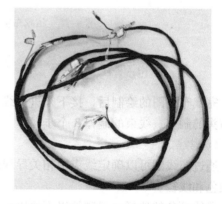

图 6-12　智能 DVD 导航线束完成的效果

三、线束的连接

在进行线束的连接时，主要完成汽车功能线区、智能 DVD 导航主机、倒车摄像头、2 个多媒体喇叭的连接。

1. 智能 DVD 导航线束的连接

智能 DVD 导航主机的线束连接主要包括倒车摄像头视频信号、电源、ACC、倒车信号、音频输出五类信号的连接。

倒车摄像头视频信号采用莲花插头，将从摄像头过来的视频信号线与智能 DVD 导航主机的莲花插头直接对插即可，如图 6-13 所示。

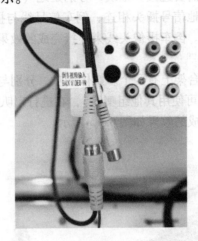

图 6-13 智能 DVD 导航倒车摄像头视频信号线的连接

在进行电源及信号接口的线束连接时，可参考表 6-4 的定义进行连接。

表 6-4 电源及信号接口定义表

引脚序号	名称	作用	备注
1	KEY1	方向盘控制 1	本项目未使用
2	CAN-TX	协议控制线负	本项目未使用
3	CAN-RX	协议控制线正	本项目未使用
4	ACC	点火控制线	接 ACC 信号
5	B +	电源正极	接 12V 正极
6	GND	电源负极	接 12V 地
7	FL −	前左喇叭负	接喇叭
8	FL +	前左喇叭正	接喇叭
9	RL −	后左喇叭负	本项目未使用
10	RL +	后左喇叭正	本项目未使用
11	KEY2	转向盘控制 1	本项目未使用
12	BACK CAR	倒车控制线	接倒车信号
13	ILL	示宽灯控制线	本项目未使用
14	PRAKE	驻车制动检测线	本项目未使用
15	RA-ANT	收音自动天线	本项目未使用
16	POWER-AMP	功放控制线	本项目未使用
17	FR −	前右喇叭负	本项目未使用
18	FR +	前右喇叭正	本项目未使用
19	RR −	后右喇叭负	接喇叭
20	RR +	后右喇叭正	接喇叭

2. 倒车摄像头的连接

倒车摄像头需要连接3根线，分别是地（搭铁）、倒车信号、倒车摄像头视频信号，将线束的黑色线与地信号插头相连，倒车信号线与摄像头的"倒车电源"相连，莲花插头与摄像头对接即可。倒车摄像头线束连接完成的效果如图6-14所示。

3. 多媒体喇叭的连接

私家车实训台架上有两个多媒体喇叭，分别与DVD导航主机的"前左喇叭"和"后右喇叭"相连（也可使用其他组喇叭），在进行喇叭的连接时不区分正、负，可任意连接。多媒体喇叭连接完成的效果如图6-15所示。

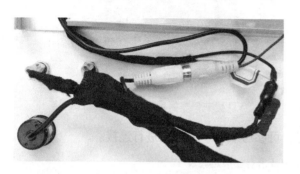

图6-14　倒车摄像头线束连接完成的效果　　图6-15　多媒体喇叭连接完成的效果

4. 汽车功能线的连接

在进行汽车功能线和线束的连接时，首先要对图6-16中汽车功能线输出插头的信号类型进行测量，可利用万用表的通断测量档测量实训台架的汽车功能线测量区和汽车功能线输出插头的通断，以此来判断汽车功能线输出插头的信号类型，如图6-16所示。

测量出输出插头的类型后，使用标签纸进行标注和粘贴，连接完成的效果如图6-17所示。

图6-16　汽车功能线输出插头的测量　　图6-17　标签标注后的快速接头

根据表6-4的信号定义，本项目只用到汽车功能线区的电源、ACC、倒车信号。

四、相关信号的测量

在完成上述操作后，可对实训台架上的相关信号进行测量，实训台架上可进行测量的信号有汽车功能线和倒车摄像头。

1. 汽车功能线信号的测量

完成前述连接后，可在实训台架前端的汽车功能线测量区进行汽车功能信号的测量，测量时可通过操作 ACC 控制开关、倒车开关改变输出信号，然后完成表 6-5 的填写。

表 6-5 汽车功能信号表

序号	测量点	标准值/V	测量值/V	误差原因
1	ACC	12		
2	倒车	12		

2. 倒车摄像头信号的测量

完成前述连接后，可在实训台架上对摄像头的相关信号进行测量，测量时可通过操作倒车开关改变输出信号，然后完成表 6-6 的填写。

表 6-6 倒车摄像头信号表

测量点	标准值/V	测量值/V	误差原因
倒车电源	12		

五、智能 DVD 导航主机的调试

完成线束连接后，可进行导航主机的调试。对智能 DVD 导航主机的调试内容主要包括倒车辅助功能、娱乐影音功能，具体的测试方法如下。

1. 倒车辅助功能的测试

测试智能 DVD 导航的倒车辅助功能的操作方法是，打开私家车实训台架的电源开关给系统供电。接下来操作倒车开关模拟汽车进入倒车状态。正常时，智能 DVD 导航会显示倒车摄像头采集到的图像，用以辅助驾驶人进行倒车操作。若操作倒车开关后，智能 DVD 导航无图像显示，可进行故障排除。

2. 娱乐影音功能的测试

测试智能 DVD 导航的娱乐影响功能的操作方法是，打开私家车实训台架的电源开关给系统供电。接下来操作 ACC 控制开关打开 ACC 电源，此时，按下智能 DVD 导航的电源按钮，正常时智能 DVD 导航会开机启动。

智能 DVD 导航主机启动后，单击屏幕的 "SD 卡" 按钮，可播放主机 SD 卡内的音乐，正常时会播放音乐。

3. 导航功能的测试

智能 DVD 导航开机后，单击屏幕的 "导航" 按钮，进入导航功能界面。进入界面后，若正常，能收到 GPS 卫星信号，能显示卫星数量，可进行导航功能操作。

【考核标准】

本项目操作考核根据表6-7进行。

表6-7 考核评分表

序号	操作项目	扣分标准	权重	得分	备注
1	6S 操作规范	不遵守安全操作流程，扣5分 不进行工位的 6S 整理，扣2分每处	10		
2	布线图的绘制	没有进行线束长度的测量，扣3分 线束没有预留长度，扣3分 没有统计插头数量，扣2分/个 没有标注线束导线数量，扣5分	20		
3	线束的制作	导线的颜色选择不正确，扣2分/根 导线的长度裁剪不正确，扣2分/根 导线的颜色选择不正确，扣2分/根 导线的截面积选择不正确，扣2分/根 插头颜色选择不正确，扣1分/个 插头公、母类型选择不正确，扣1分/个 插头压接不牢固，扣1分/个 线束没有标注数字，扣1分/个 线束没有缠绕绝缘布，扣3分	30		
4	DVD 导航主机与喇叭、摄像头、汽车功能线的连接	功能线查找不正确，扣2分/个 DVD 导航主机输出线查找不正确，扣2分/个 功能线查找后没做相关标注，扣2分/个 主机与外设之间连接错误，扣3分/个	25		
5	DVD 导航主机的调试	不能正确进入倒车辅助模式测试倒车图像采集与显示功能，扣3分 不能正确播放 SD 卡音乐测试喇叭功能，扣2分	5		
6	汽车功能线和倒车摄像头信号测量	不能正确测量汽车功能线信号电压值，扣2分/个 不能正确测量倒车摄像头电源，扣2分	10		

【项目小结】

本项目主要在私家车实训台架上完成智能 DVD 导航系统的布局、线束制作、线束连接、信号测量、智能 DVD 导航调试等任务，通过本项目的实施让学生能正确讲述智能 DVD 导航系统和私家车实训台架的基本结构和工作原理，会制作智能 DVD 导航的连接线束并进行线束的连接操作，会进行智能 DVD 导航的调试及相关信号的测量操作，培养学生团队合作能力、自主学习与独立思维等情感能力。

项目 7

智能防盗终端的安装与调试

【项目说明】

【项目说明】

　　某客户新购买一辆迈腾汽车，需要加装一个智能防盗终端，要求智能防盗终端能对汽车实现远程防盗、GPS 定位、断油电等功能。请制订合理的改装方案，完成设备的安装、接线、调试并进行相关的测试。各项性能达标后交付客户使用。

【项目要求】

1. 知识目标

1）能正确讲述汽车智能防盗终端的基本结构和工作原理。

2）能正确讲述私家车实训台架的基本结构和工作原理。

3）能正确讲述汽车智能防盗终端线束的制作流程及方法。

4）能正确讲述汽车功能线信号的辨别及测量方法。

5）能正确讲述汽车智能防盗终端信号的辨别及测量方法。

2. 技能目标

1）能在私家车实训台架上完成智能行驶记录仪、通信天线、北斗定位天线的定位与安装。

2）能进行汽车功能线、拾音器、防盗喇叭、智能防盗终端之间连接线束的制作。

3）能在私家车实训台架上完成汽车功能线、拾音器、防盗喇叭、智能防盗终端的连接及线束的固定。

4）能在实训台架上完成汽车功能及智能防盗终端信号的测量。

5）能在私家车实训台架上完成智能防盗终端的调试。

6）能在软件平台中完成智能防盗终端的连接、远程测试与控制。

3. 情感目标

1）树立服务意识、效率意识、规范意识；强化人际沟通、团队合作的能力。

2）培养爱岗敬业的职业道德和严谨务实勤快的工作作风；自我管理自我修正的能力。

3）利用多种信息化平台进行自主学习的能力；制订工作计划、独立决策和实施的能力。

4）培养运用多方资源解决实际问题的能力；准确地自我评价能力和接受他人评价的能力。

5）培养自主学习与独立思维能力。

【相关知识】

一、汽车防盗终端概述

（一）防盗终端的类别及基本结构

汽车防盗器是用于车内，防止车辆被盗窃破坏的防护装置，也是保护车辆的一个重要的部件。汽车防盗系统按结构可分为机械式、电子式、芯片式和网络式防盗系统 4 种类型，目前主要采用电子式，并逐渐向网络式过渡。

1. 机械式防盗系统

机械锁是最常见、应用最早的汽车防盗锁，主要分为转向盘锁和排档锁两大类。转向盘锁大部分车主都会使用，也无须安装。排档锁一般是安装在中控台上，锁身与车身连接，通过锁环限制变速杆的移动，但需要钻孔安装，所以使用的人并不多。此外还有一种新型变速器锁，直接做成一个内置卡锁的变速杆，虽然比较美观，但售价近千元，而且要将原来的换档手柄换掉。机械式锁主要起到限制车辆操作的作用，对防盗方面能够提供的帮助有限，很难抵挡住机械破坏。不过它们的优点是能拖延偷车贼作案的时间，一般偷车贼要用几十秒甚至几分钟才能撬开转向盘锁，变速杆锁的破坏时间要长一点。

2. 电子式防盗系统

电子式防盗锁是目前应用最广的防盗锁之一，分为单向和双向的两种。单向的电子防盗系统的主要功能是汽车的开关门、振动或非法开启车门报警等，也有一些品牌的产品根据客户的需求增加了一些功能，如用电子遥控器来完成发动机起动、熄火等。双向可视的电子防盗系统相比单向的先进，能让车主清楚知道汽车现实的情况，当车有异动报警时，遥控器上的液晶显示器会同时显示汽车遭遇的状况，其缺点是有效范围只有 100 ~ 200m。电子防盗系统的严重缺陷是遥控器发出的无线电波或红外线可以被盗取，再经过解码就可以被破解。

3. 芯片式防盗系统

芯片式数码防盗器是现在汽车防盗器发展的重点，大多数轿车均采用这种防盗方式作为原配防盗器。芯片式数码防盗器的基本原理是锁住汽车的发动机、电路和油路，在没有芯片钥匙的情况下无法起动车辆。只有用密码钥匙接触车上的密码锁才能开锁，杜绝了被扫描后破解的弊病。

4. 网络式防盗系统

网络防盗是指通过网络来实现汽车的开关门、起动发动机、截停汽车、汽车的定位以及车辆根据车主的要求提供远程的车况报告等功能。网络防盗主要优点是突破了距离的限制，目前主要使用移动通信网络实现数据的传送，通过 GPS 或者北斗定位系统进行定位。

本项目使用的防盗系统就是网络式防盗系统，网络式防盗系统的结构如图 7-1 所示。

（二）网络式防盗系统的功能

1. 手机控制

可用手机代替遥控器在全球范围内控制汽车。

2. 遥控器控制

可用遥控器直接控制100m内的汽车。

3. 短信控制

可用手机发送短信控制汽车。

4. 短信定位

向汽车上的防盗器发送一条短信，防盗器将回传信息告知汽车的大概位置。

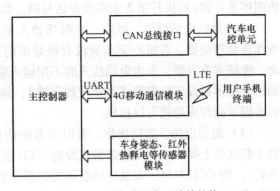

图7-1 网络式防盗系统的结构

5. 远程监听

可用手机监听车内动静。

6. 短信报警

发生警情时自动给车主发短信报警。

7. 远程报警

有警情时自动拨打车主手机号。

8. 防抢报警

行驶中遇到抢匪劫持，车主可脚踏埋藏好的暗开关报警求救。

9. 全程语音提示操作

全部通过语音来完成各种操作。

10. 防万能解码器功能

用手机设防，关闭遥控器的控制功能后必须用手机才能解除。

11. 具备单向汽车防盗器的基本功能

（三）智能防盗终端功能

本项目在私家车实训台架的智能防盗终端上完成，该智能防盗终端是一款网络式防盗系统。

1. 产品功能

（1）设防、撤防、寻车、紧急求助功能

1）设防：按遥控器设防键1次，车辆在熄火状态提示1声，车门关锁进入防盗模式，如果4s内起动车辆，则退出防盗，否则正式进入防盗警戒状态；如果车辆在起动状态，则只关锁不会提示、不进入防盗模式。

2）撤防：按遥控器撤防键1次，车辆在熄火状态提示两声，车门开锁退出防盗。

3）警戒：如果是在报警，则停止报警输出（若在拨打电话，则停止拨打报警电话）；如果车辆在起动状态，则只开锁不提示。

4）寻车：在防盗警戒状态，按寻车键1次，如果车辆在遥控范围将回应8声，转向灯同步闪烁。

5）求助：在车辆起动状态，如果遇到紧急事件，可以按遥控器寻车键1次，系统将自动拨打设置的求助电话号码，拨打方式是先拨打第1个求助电话号码，如果40s内没有人接听则停止；20s后拨打第2个求助电话号码，如此循环拨打到有人接听为此。

（2）通过电话设防、撤防　有时驾驶人离车比较远，若需要别人取出车内物品，电话操作将会很便捷。若担心下车后没有锁好车门，使用电话操作可以免去车旁设防。电话设防、撤防非常方便，车主电话拨入时不用输入密码（默认4个报警电话为免密码功能），听到语音提示后设定防盗警戒直接按数字键1，解除防盗警戒直接按数字键2就可以了，听到语音提示操作成功就可以挂机。

（3）短信设防、撤防操作　有时不方便使用电话对车辆操作，可以选择发送短信方式到车载电话上操作：设定防盗警戒发送"CD密码"，如CD123456；解除防盗警戒发送"CG密码"，如CG123456。车载电话获得短信指令后，如果密码正确则执行操作并返回短信表示操作成功。

（4）主动探测分析警情、主动报警通知车主　比被动防盗增加了更多安全性。

普通防盗器只有在车辆被盗或者盗贼已经进入车辆内才会报警，原车配置的防盗器基本上只会发出声音，这类防盗器意义不大，只能当作异常开门的简易算一个警报器，无法主动电话报警给车主；如果车辆安装的是普通GPS防盗器，车主会被动等待GPS监控中心来电提示车辆状态，车主获得GPS中心的来电后赶到车辆旁边，时间滞后被盗概率相当高。

主动防盗器在盗贼还没有进入车内，根据防盗系统探测的信息进行分析后，认为是异常时就直接主动拨打车主电话（不用通过服务中心转告，节省时间）提示车辆当前处于异常状态，车主能够及时获得车辆异常信息。

在车辆处于防盗警戒状态时，系统会主动探测分析车身颤动、抖动、晃动、周围声音以及边门、ACC、尾箱、制动踏板信号；当发生撞车、砸窗户、撬门等警情时将主动拨打设置的报警号码，通知车主前来处理，同时还会输出声音和闪灯报警；同样，如果遇到非法开门、非法起动车辆，也可快速主动拨打设置的报警号码，直到报警电话被接听为止。

2. 产品特性

1）主动探测周围状态，遇到警情及时主动报警。

2）停车熄火，车主离开车辆后，主动设防警戒。

3）多达4种车辆管理方式：遥控器、电话、短信、GPRS。

4）提供电话、短信远程锁定车辆，禁止起动行驶。

5）提供电话、短信直接自行定位，无须中心服务。

6）中控自动化：启动踩制动踏板关锁、熄火自动开锁。

7）防盗中，有撞车、砸窗户、撬门的情况时主动电话报警。

8）防盗中，有开门、起动车辆的情况时主动电话报警。

9）遇到警情时，同时提供声音、闪灯报警。

10）遇到危险时，提供紧急按钮电话报警服务。

11）可以设置2个报警号码，2个紧急求助号码。

12）可以设置2个短信中心服务号码。

13）可以自行修改用户密码、中心密码。

14）支持自动设防自动锁车门功能。

15）多种报警输出：声音、闪灯、电话、GPRS。

16）支持原车防盗同步兼容安装。

17）支持在手机显示车辆所在地图位置功能。

18）内置工业级 GPS、GSM 模块，工业级设计可靠。

二、实训台架工作原理

（一）实训台架布局

在私家车实训台架上的相应位置确定智能防盗终端、GPS 定位天线、通信天线、拾音器、防盗喇叭、汽车功能线测量区、汽车功能线模拟区的安装位置。私家车实训台架的整体布局如图 7-2 所示。

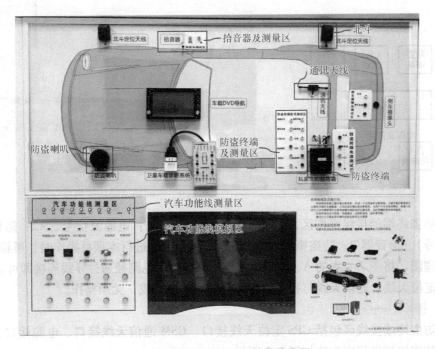

图 7-2　私家车实训台架的整体布局

私家车实训台架上智能防盗终端部分主要包括智能防盗终端、汽车功能线模拟区、汽车功能线测量区、GPS 天线、通信天线、防盗喇叭、拾音器。

（二）汽车功能线模拟区

汽车功能线模拟区与前面项目基本相同。本项目智能防盗终端的安装与调试，仅用到功能线模拟区的控制开关，主要有 ACC 控制开关、左右转向灯控制开关、远程开锁、远程关锁、行李舱门控制开关、原车开锁。

注意：进行相关汽车功能线信号测量时，需要完成操作工单中相关表格的填写。

三、智能防盗终端平台原理

智能防盗终端与私家车实训台架上的汽车功能线接线区、拾音器、防盗喇叭、GPS 天线、通信天线的连接关系如图 7-3 所示。

在图 7-3 所示的接线图中，防盗喇叭与智能防盗终端的 5 芯插座的防盗喇叭接口相连，拾音器与智能防盗终端的 5 芯插座的拾音器接口相连，GPS 天线和通信天线与智能防盗终端上的相应天线接口相连；汽车功能线接线区的电源、ACC、断油电、左转、右转、远程开锁、远程关锁、尾箱开关、关锁开关信号分别与智能防盗终端的对应端口相连。

四、智能防盗终端接线区定义

智能防盗终端接线操作区如图 7-4 所示。

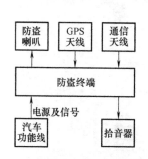

图 7-3 智能防盗终端平台原理

图 7-4 智能防盗终端接线操作区

智能防盗终端的接线操作区，分别有防盗终端 A（A1：电源及信号、A2：防盗喇叭及拾音器信号）、拾音器 B、防盗喇叭 C、汽车功能线 D。在进行本项目操作时，可根据图 7-3 所示的原理图，将图 7-4 中的 A、B、C、D、E 区域沿黄色路径通过导线连接即可。

GPS 定位天线、通信天线与智能防盗终端的连接已完成，无须操作。

（一）智能防盗终端输出接口定义

智能防盗终端接线区包括 GPS 定位天线接口、GSM 通信天线接口、电源接口、信号接口。智能防盗终端接线区实物如图 7-5 所示。

智能防盗终端接口分布如图 7-6 所示。

图 7-5 智能防盗终端接线区实物

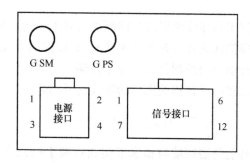

图 7-6 智能防盗终端接口分布

图 7-6 中 GSM 天线接口和 GPS 天线接口分别与实训台架上的 GSM 天线和 GPS 天线连

接。电源接口中包含智能防盗终端的电源、ACC 信号、断油电信号。信号接口中包含各种汽车检测信号，具体的引脚与功能见表7-1。

表7-1　防盗终端引脚功能表

引脚序号	名称	功能	备注	信号方向
电源接口				
1	电源正	电源正极		输入
2	断油电	智能防盗终端输出断油电	低电平有效	输出
3	电源负	电源负极		输入
4	ACC	ACC 检测信号	高电平触发	输入
信号接口				
1	NC	未使用		
2	远程开锁	接远程开锁 LED	低电平有效	输出
3	NC	未使用		
4	行李舱门开关	接行李舱门控制开关	高电平触发	输入
5	远程关锁	接远程关锁 LED	低电平有效	输出
6	关锁开关	接原车关锁开关	高电平触发	输入
7	NC	未使用		
8	NC	未使用		
9	NC	未使用		
10	右转	接右转指示灯	高电平有效	输出
11	左转	接左转指示灯	高电平有效	输出
12	门控开关	接门控开关	高电平触发	输入

智能防盗终端的另外一端为拾音器和防盗喇叭接口，该接口为 5 芯插座，接口各引脚定义见表7-2。

表7-2　智能防盗终端拾音器和防盗喇叭接口定义

引脚序号	颜色	名称	功能	引脚序号	颜色	名称	功能
1	灰色	防盗喇叭 +	防盗喇叭输出正	4	白	拾音器负	接拾音器负
2	黑色	防盗喇叭 −	防盗喇叭输出负	5	黑	地	搭铁
3	红	拾音器正	接拾音器正				

（二）汽车功能线接线区定义

私家车实训台架的汽车功能线接线区如图7-7所示。

私家车实训台架的汽车功能线的输出"汽车功能信号"主要有：12V 电源正、电源负、远程开锁、远程关锁、行李舱门控制开关、原车开锁、左右转向灯控制开关、ACC 发动机控制开关、倒车开关。本项目使用的是 12V 电源正、电源负、ACC、远程开锁、行李舱门开关、远程关锁、关锁开关、右转、左转、门控开关，各信号类型见表7-3。

图7-7　汽车功能线接线区

表7-3　防盗终端汽车功能线的定义

序号	名称	接头颜色	备注	信号方向
1	电源正	红色		输出
2	断油电	蓝色	低电平触发	输入
3	电源负	黑色		输入
4	ACC 信号		高电平有效	输出
5	远程开锁		低电平有效	输入
6	行李舱门开关		高电平有效	输出
7	远程关锁		低电平触发	输入
8	关锁开关		高电平有效	输出
9	右转		高电平触发	输入
10	左转		高电平触发	输入
11	门控开关		高电平有效	输出

（三）拾音器接线区定义

智能防盗终端能通过拾音器采集车内的声音信号。私家车实训台架上的拾音器接线区如图7-8所示。

拾音器接线区共有两个插头，分别是绿色的音频信号输出插头和黑色的音频信号地（搭铁）线插头。拾音器插头分别与智能防盗终端的"5芯拾音器和防盗喇叭接口"中的拾音器正、负线相连。

（四）防盗喇叭接线区定义

智能防盗终端能通过防盗喇叭在紧急情况下发出警报声音。私家车实训台架上的防盗喇叭接线区如图7-9所示。

防盗喇叭接线区共有两个插头，分别与智能防盗终端上"5芯拾音器和防盗喇叭接口"中的"防盗喇叭＋"和"防盗喇叭－"相连。

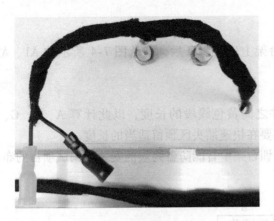

图7-8 拾音器接线区

图7-9 防盗喇叭接线区

【设备及工具】

1. 设备

1）实训台架：私家车实训台架。

2）计算机1台。

3）恒温电烙铁1个、热风枪1个。

2. 工具

1）数字万用表1个，型号为UT890C。

2）棘轮式绝缘端子插簧压线钳1把，型号为LY03C。

3）剥线钳、尖嘴钳、斜口钳、螺钉旋具、拆装工具1套。

3. 实训耗材

1）公、母对插电线插接器 MPD1-156/FRD1-156（红色、黑色、黄色、绿色、蓝色）。

2）导线：截面积为 $0.5mm^2$ 的单芯多股导线（黄色、绿色、蓝色）、截面积为 $0.75mm^2$ 的单芯多股导线（红色、黑色）。

3）自锁式尼龙扎带。

4）不干胶小标签贴纸。

5）汽车绒布胶带1卷。

6）热缩套管（$\phi2$、$\phi3$、$\phi4$、$\phi5$）若干。

7）间距5557/5559插接器：$2 \times 1P$、$2 \times 2P$、$2 \times 3P$。

【操作方法及步骤】

本项目的操作主要包括线束的制作、线束的连接、智能防盗终端的调试3个步骤。

一、布线图的绘制

在私家车实训台架上进行智能防盗终端的接线操作时，各部件之间的连线示意图如

图 7-4 所示。

1. 快速插头数量的确定

通过查阅学习手册相关内容并在实训台架上进行验证后，确认图 7-4 所示的 A1、A2、B、C、D 快速插头处的插头数量和颜色。

2. 导线长度的测量

测量图 7-4 所示的 A、B、C、D 各部件之间黄色线段的长度，以此计算 A、B、C、D 各部件之间的导线长度。在计算该长度时，要在快速插头区预留适当的长度。

完成上述两个步骤后，绘制出私家车实训台架中智能防盗终端的安装与调试项目的布线图，将相关信息补充在图 7-10 中。

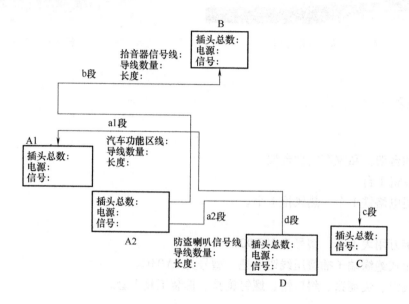

图 7-10　私家车实训台架智能防盗终端布线图

二、线束的制作

完成布线图的绘制后，接下来进行线束的制作。线束的制作包括导线的选择与裁剪、快速插头的制作、线束的制作 3 个步骤。

1. 导线的选择与裁剪

通过布线图可以确定线束中相关导线的信号类型、长度，接下来根据信号类型确定导线的颜色和线径。

导线颜色的选择一般遵循以下原则：电源正极选择红色，电源负极和地（搭铁）线选择黑色，信号线可根据需求选择黄色、绿色、蓝色、橙色、棕色等。

导线截面积的选择一般遵循以下原则：电流小于 1A 大于 0.5A 的主电源线一般选择截面积为 0.75mm^2 的导线，电流小于 0.5A 的主电源线一般选择截面积为 0.5mm^2 的导线，信号线一般选择截面积为 0.3mm^2 或者 0.5mm^2 的导线。

根据上述原则和布线图，完成表 7-4 的导线选择。

表 7-4　导线选择表

序号	颜色	截面积/mm²	长度/cm	数量/根

注：本次实训提供的截面积为 0.75mm² 的导线颜色有红色和黑色，截面积为 0.5mm² 的导线颜色有黄色、蓝色、绿色，截面积为 0.3mm² 的导线颜色有黄色、蓝色、绿色。

2. 快速插头的制作

快速插头的制作方法与项目 1 的方法相同，这里不再赘述。

3. 线束的制作

根据导线的连接位置和长度以及出线位置，利用绝缘布将所有导线捆绑一起，形成线束。制作完成的效果如图 7-11 所示。

线束制作完成后，利用万用表测量出同一根导线的两头，用标签纸标注为阿拉伯数字 1-13，属于同一个部件的多根导线可标注为 2-1、2-2 等。根据导线颜色和信号类型，选择不同颜色的快速插头"公头"，压接后形成导航连接线束，如图 7-12 所示。

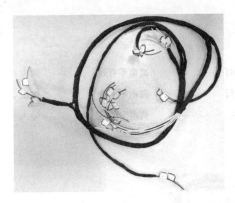

图 7-11　智能防盗终端连接线束效果

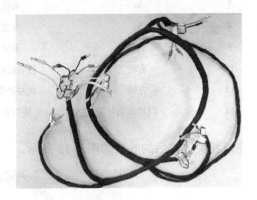

图 7-12　防盗终端线束完成效果

三、线束的连接

在进行线束的连接时，主要完成汽车功能线区、智能防盗终端、防盗喇叭、拾音器的连接。

1. 智能防盗终端线束的连接

智能防盗终端的线束连接主要包括智能防盗终端电源、智能防盗终端信号、定位天线、通信天线的连接。其中，定位天线、通信天线已完成连接，在操作时不需要连接了。

智能防盗终端电源共有 4 个连接点，分别是 12V 电源正、12V 电源地（搭铁）、ACC 信号、断油电输出信号，12V 电源正、12V 电源地、ACC 信号分别与汽车功能接线区的 12V 电源、ACC 信号、断油电相连。

智能防盗终端信号共有 7 个连接点，分别是远程开锁、行李舱门开关、远程关锁、关锁开关、右转、左转、门控开关，这些信号分别与汽车功能接线区的相关信号相连。

在进行智能防盗终端的连接时，信号的类型可参考表 7-5。

表 7-5　智能防盗终端信号定义表

引脚序号	名称	功能	备注	信号方向
电源接口				
1	电源正	电源正极		输入
2	断油电	智能防盗终端输出断油电	低电平有效	输出
3	电源负	电源负极		输入
4	ACC	ACC 检测信号	高电平触发	输入
信号接口				
1	NC	未使用		
2	远程开锁	接远程开锁 LED	低电平有效	输出
3	NC	未使用		
4	行李舱门开关	接行李舱门控制开关	高电平触发	输入
5	远程关锁	接远程关锁 LED	低电平有效	输出
6	关锁开关	接原车关锁开关	高电平触发	输入
7	NC	未使用		
8	NC	未使用		
9	NC	未使用		
10	右转	接右转指示灯	高电平有效	输出
11	左转	接左转指示灯	高电平有效	输出
12	门控开关	接门控开关	高电平触发	输入

完成相关连接后的效果如图 7-13 所示。

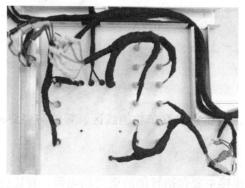

图 7-13　智能防盗终端主机连接完成效果图

2. 拾音器的连接

拾音器接线区共有两根导线，一端分别接拾音器的正极和负极，另一端分别与防盗终端的拾音器正和拾音器负相连。在进行连接时可参考表 7-6。

表 7-6　智能防盗终端拾音器接线表

引脚序号	颜色	名称	功能	引脚序号	颜色	名称	功能
1	灰色	防盗喇叭 +	防盗喇叭输出正	4	白	拾音器负	接拾音器负
2	黑色	防盗喇叭 −	防盗喇叭输出负	5	黑	地	搭铁
3	红	拾音器正	接拾音器正				

拾音器完成连接的效果如图 7-14 所示。

3. 防盗喇叭的连接

防盗喇叭接线区共有两根导线，一端分别接防盗喇叭正、防盗喇叭负，另一端分别与防盗终端的防盗喇叭 + 和防盗喇叭 − 相连。在进行连接时可参考表 7-6。防盗喇叭连接完成的效果如图 7-15 所示。

图 7-14　拾音器完成连接的效果

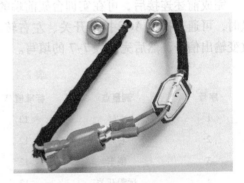

图 7-15　防盗喇叭连接完成的效果

4. 汽车功能线的连接

在进行汽车功能线和线束的连接时，首先要对图 7-16 中汽车功能线输出插头的信号类型进行测量，可利用万用表的通断测量档，测量实训台架的汽车功能线测量区和汽车功能线输出插头的通断，以此来判断汽车功能线输出插头的信号类型，如图 7-16 所示。

测量出输出插头的类型后，使用标签纸进行标注和粘贴。连接完成的效果如图 7-17 所示。

根据表 7-5 的信号定义，本项目只用到汽车功能线区的电源、ACC、断油电、远程开锁、行李舱门开关、远程关锁、关锁开关、右转、左转、门控开关。

将汽车功能线区的上述信号分别与智能防盗终端的相关插头相连即可。

四、相关信号的测量

在完成上述操作后，可对实训台架上的相关信号进行测量，台架上可进行测量的信号有汽车功能线和倒车摄像头。

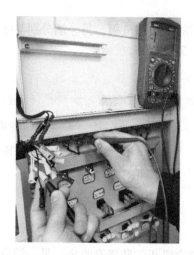

图 7-16　汽车功能线输出插头测量方法

图 7-17　标签标注后的快速插头

1. 汽车功能线信号的测量

完成前述连接后，可在实训台架前端的汽车功能线测量区进行汽车功能信号的测量。测量时，可通过操作 ACC 控制开关、左右转向类控制开关、门控制开关、行李舱门控制开关改变输出信号，然后完成表 7-7 的填写。

表 7-7　汽车功能信号表

序号	测量点	标准值/V	测量值/V	误差原因
1	左转	12		
2	右转	12		
3	倒车	12		
4	远程开关	12		
5	远程关锁	12		
6	车门	12		
7	行李舱门	12		
8	ACC	12		

2. 拾音器信号的测量

在进行拾音器信号的测量时，可通过人为加入干扰噪声改变拾音器的输出信号，然后完成表 7-8 的填写。

表 7-8　拾音器信号表

测量点	标准值/V	测量值/V	误差原因
信号	无		

3. 智能防盗终端信号的测量

在进行智能防盗终端信号的测量时，可通过操作汽车功能线区的相关操作开关，或者通过软件平台向智能防盗终端发送控制命令来改变输出信号状态，然后完成表 7-9 的填写。

表 7-9　智能防盗终端信号表

序号	测量点	标准值/V	测量值/V	误差原因
1	电源	12		
2	ACC	12		
3	断油电	0		
4	左转	12		
5	右转	12		
6	倒车	12		
7	远程开关	12		
8	远程关锁	12		
9	车门	12		
10	行李舱门	12		

五、智能防盗终端与平台的连接

完成上述线束连接与测量后，可进行智能防盗终端与平台的连接操作。可通过平台软件查看智能防盗终端采集到的汽车状态，或者向智能防盗终端发送相关命令，具体的方法如下。

1. 平台的启动

本项目智能防盗终端的远程控制平台与前述项目一致，启动方法也相同，这里不再赘述。

2. 私家车实训台架防盗终端的在线监控

（1）智能防盗终端的连接　在完成软件平台的启动后，依次单击左侧的"平台管理""定位监控"，在弹出的界面右侧选择"私家车-防盗终端"，在下面的窗口中双击选择的"私家车-防盗终端"，此时，地图会定位至私家车所在的位置，如图 7-18 所示。

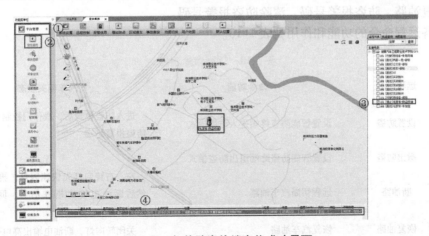

图 7-18　智能防盗终端定位成功界面

完成上述软件平台的操作后，可操作实训台架左下侧的汽车功能控制开关，改变相关的汽车功能状态，此时能观察到软件平台界面上私家车-防盗终端的相关状态会发生改变，如图7-19所示。

> **详细信息**
> ACC开、在线=2、禁止车辆起动操作成功

图 7-19　私家车-防盗终端状态信息

（2）远程控制命令的发送　智能防盗终端连接成功后，可通过平台软件向智能防盗终端发送相关控制命令，具体操作方法是：在新坐标位置信息服务平台操作界面的下方，右键单击"私家车-防盗终端"，在弹出的快捷菜单中选择"发送指令"，如图7-20所示。

在弹出的对话窗口中，选择右侧的指令类型为"RM502"，选择"远程控制"，如图7-21所示。

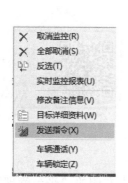

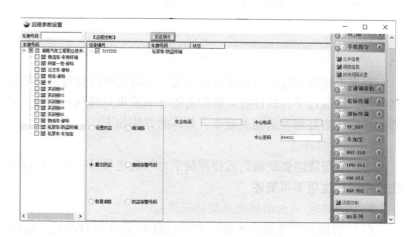

图 7-20　远程命令发送　　　　图 7-21　远程控制指令发送界面

私家车实训台架智能防盗终端可以实现的远程命令类型主要有设置防盗、撤出防盗、断油路、恢复油路、防盗报警号码、清除防盗报警号码。

上述各远程命令的功能和作用见表7-10。

表 7-10　远程命令功能

序号	远程命令	命令功能	汽车相关状态
1	设置防盗	设置智能防盗终端进入防盗模式	进入防盗模式后，操作门控制开关会触发防盗报警终端
2	撤出防盗	设置智能防盗终端退出防盗模式	无
3	断油路	远程切断汽车油路	左、右转向灯先快速闪烁，再慢速闪烁，然后断油电输出搭铁信号，同时转向灯闪烁。
4	恢复油路	恢复汽车油路	关闭转向灯，断油电输出高电平

（续）

序号	远程命令	命令功能	汽车相关状态
5	防盗报警号码	设置防盗报警"车主"和"监控中心"电话号码	无
6	清除防盗报警号码	清除原来的防盗报警号码	无

【考核标准】

本项目操作考核根据表7-11进行。

表7-11　考核评分表

序号	操作项目	扣分标准	权重	得分	备注
1	6S操作规范	不遵守安全操作流程，扣5分 不进行工位的6S整理，扣2分/处	10		
2	布线图的绘制	没有进行线束长度的测量，扣3分 线束没有预留长度，扣3分 没有统计插头数量，扣2分/个 没有标注线束导线数量，扣5分	20		
3	线束的制作	导线的颜色选择不正确，扣2分/根 导线的长度裁剪不正确，扣2分/根 导线的颜色选择不正确，扣2分/根 导线的截面积选择不正确，扣2分/根 插头颜色选择不正确，扣1分/个 插头公、母类型选择不正确，扣1分/个 插头压接不牢固，扣1分/个 线束没有标注数字，扣1分/个 线束没有缠绕绝缘布，扣3分	25		
4	智能防盗终端与防盗喇叭、拾音器、汽车功能线的连接	功能线查找不正确，扣2分/个 智能防盗终端输出线查找不正确，扣2分/个 功能线查找后没做相关标注，扣2分/个 主机与外设之间连接错误，扣3分/个	25		
5	汽车功能线和倒车摄像头信号测量	不能正确测量汽车功能线信号电压值，扣2分/个 不能正确测量倒车摄像头电源，扣2分	10		
6	防盗终端与平台的连接	不能正确连接并打开防盗终端监控界面，扣2分 不能正确打开远程命令窗口，扣2分 不能正确发送远程命令，扣2分/个 不能触发防盗报警模式，扣2分	10		

【项目小结】

　　本项目主要在私家车实训台架上完成智能防盗终端的布局、线束制作、线束连接、信号测量、终端调试、平台连接及远程控制等任务，通过本项目的实施让学生能正确讲述汽车智能防盗终端和私家车实训台架的基本结构和工作原理，会制作智能防盗终端的连接线束并进行线束的连接操作，会进行智能防盗终端的调试及信号的测量操作，会进行智能防盗终端与平台的连接及远程控制操作，培养学生团队合作能力、自主学习与独立思维等情感能力。

参 考 文 献

[1] 李清明. 汽车电气设备故障分析详解[M]. 北京：机械工业出版社，2018.
[2] 李春明. 汽车电气设备与维修[M]. 2 版. 北京：高等教育出版社，2014.
[3] 孙克军. 巧学电气控制线路识读与接线[M]. 北京：化学工业出版社，2016.
[4] 林占江. 电子测量技术[M]. 3 版. 北京：电子工业出版社，2016.
[5] 周晓飞. 汽车防盗系统设定与保养归零速查手册[M]. 北京：化学工业出版社，2016.
[6] 曲昌辉，孙涛. 汽车防盗与音响系统结构原理及典型故障案例[M]. 北京：机械工业出版社，2012.

汽车智能终端的安装与调试
实 训 工 单

班级_____

姓名_____

机械工业出版社

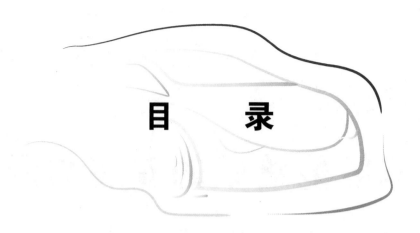

目　录

项目 1
汽车行驶记录仪的安装与调试

一、操作注意事项

进行汽车行驶记录仪的安装与调试实训之前，确认已熟悉以下安全规程。

⚠️ **警告：违反下列规程，可能会导致人身伤害。**

1）禁止用手或金属接触实训台架柜体内左侧的交流电源插座。

2）禁止用手或金属接触实训台架柜体内的开关电源 AC 220V 的插头。

3）在进行接线操作时，请保持手或工具的干燥。

⚠️ **注意：违反下列规程，可能会导致实训台架损坏。**

在操作过程中防止工具或金属配件掉落至插座、开关电源、计算机中。在焊接过程中，要注意焊锡不要掉落在开关、导线等表面，以免造成线路短路。

二、实训工单

项目1	汽车行驶记录仪的安装与调试	成绩	

操作组别：_____质检员：_____

操作员：_____

操作实训台架名称：_____

一、项目准备

1. 清理工具： □数量相符 □缺少 处理意见：_____

2. 整理场地6S： □符合要求 □不符合要求 处理意见：_____

3. 检查实训台架：□符合要求 □不符合要求 处理意见：_____

4. 仔细阅读安全操作规程。

　　已仔细阅读安全操作规程并确认会严格遵守。 签名_____

二、操作步骤

布线图的绘制

1. 快速插头数量的确定。

实训台架中汽车功能线插头数量：____个，插头类型____（公、母）。

2. 导线长度的测量。

实训台架C段导线长度为____cm，D段长度为____cm，预留长度为____cm。

3. 布线图。

（续）

线束的制作

1. 导线的选择与裁剪。

根据布线图选择合适的导线，完成下表的填写。

序号	颜色	截面积/mm^2	长度/cm	数量/根

2. 快速插头的制作。

本项目需要用到的快速插头数量和类型为：

颜色＿＿＿类型＿＿＿（公/母）数量＿＿＿个；

颜色＿＿＿类型＿＿＿（公/母）数量＿＿＿个；

颜色＿＿＿类型＿＿＿（公/母）数量＿＿＿个；

颜色＿＿＿类型＿＿＿（公/母）数量＿＿＿个；

颜色＿＿＿类型＿＿＿（公/母）数量＿＿＿个。

3. 线束的制作。

线束的连接

1. 使用万表表，测量和查找出相应的汽车功能线并使用标签纸做好标注。

2. 根据学习手册的相关资料，查找汽车行驶记录仪主机输出端口的定义。

汽车行驶记录仪使用的端口引脚序号和导线颜色记录如下：

（续）

汽车功能信号的测量				
使用万用表对实训台架前端的汽车功能信号进行测量，完成下表的填写。				
序号	测量点	标准值/V	测量值/V	误差原因
1	左转	12		
2	右转	12		
3	远光	12		
4	空调	12		
5	制动	12		
6	车门	0		
7	报警	0		
8	AC	12		
9	发动机	12		

主机自检

1. 根据学习手册资料，正确进入自检模式。

进入自检模式的方法是：

2. 操作汽车功能按钮，观察汽车行驶记录仪相关项目的状态值，验证线束连接是否正确。

汽车功能线与汽车行驶记录仪主机连接是：正确/错误。

错误的位置有：

实践小结	
我的收获	
我的困惑	
我的建议	

项目 2
汽车行驶记录仪与软件平台的连接

一、操作注意事项

进行汽车行驶记录仪与软件平台的连接实训之前，确认已熟悉以下安全规程。

⚠ **警告：违反下列规程，可能会导致人身伤害。**

1）禁止用手或金属接触实训台架柜体内左侧的交流电源插座。
2）禁止用手或金属接触实训台架柜体内的开关电源 AC 220V 的插头。
3）在进行接线操作时请保持手或工具的干燥。

⚠ **注意：违反下列规程，可能会导致实训台架损坏。**

在操作过程中防止工具或金属配件掉落至插座、开关电源、计算机中。在焊接过程中，要注意焊锡不要掉落在开关、导线等表面，以免造成线路短路。

二、实训工单

项目2	汽车行驶记录仪与软件平台的连接	成绩	

操作班组：_____ 质检员：_____

操作员：_____

操作实训台架名称：_____

一、项目准备

1. 清理工具：　□数量相符　□缺少　　　处理意见：_____
2. 整理场地6S：　□符合要求　□不符合要求　处理意见：_____
3. 检查实训台架：□符合要求　□不符合要求　处理意见：_____
4. 仔细阅读安全操作规程。
   已仔细阅读安全操作规程并确认会严格遵守。　　　签名_____

二、操作步骤

汽车行驶记录仪主机 SIM 卡的安装及设置

1. 将汽车行驶记录仪的 SIM 卡槽打开，装入预先准备好的 SIM 卡。

2. 进入汽车行驶记录仪主机的"出厂设置"界面，默认密码为"66668888"。

3. 进入"设置 TCP 参数"界面，在界面中完成 IP 地址和端口号的输入。
输入的 IP 地址为：
端口号为：

4. 进入"设置 APN"界面，选择正确的 APN 服务器。
APN 服务器为：

5. 进入"设置 GB 参数"界面，输入正确的车牌号码、车牌颜色、车辆分类、车辆 VIN、发动机号。
车牌号码为：
车牌颜色为：
车辆分类为：

（续）

车辆 VIN 为： 发动机号为：
软件平台的对接
1. 平台的启动。 2. 汽车行驶记录仪的在线监控，从监控设备列表中添加物流车。 3. 在地图中完成物流车部标机（道路运输车辆车载终端，以下简称部标机）的定位。 物流车部标机的地理位置为： 物流车部标机的经、纬度为： 物流车部标机的在线状态为： 4. 在线完成车辆状态信息的查看。 物流车车门状态为： 物流车负荷状态为： 物流车 ACC 状态为： 物流车里程值为： 物流车空调状态为： 物流车远光灯状态为：
实践小结

我的收获	
我的困惑	
我的建议	

项目 3
物流终端系统的安装与调试

一、操作注意事项

进行物流终端系统的安装与调试实训之前，确认已熟悉以下安全规程：

⚠ **警告**：违反下列规程，可能会导致人身伤害。

1）禁止用手或金属接触实训台架柜体内左侧的交流电源插座。

2）禁止用手或金属接触实训台架柜体内的开关电源 AC 220V 的插头。

3）在进行接线操作时请保持手或工具的干燥。

⚠ **注意**：违反下列规程，可能会导致实训台架损坏。

在操作过程中防止工具或金属配件掉落至插座、开关电源、计算机中。在焊接过程中，要注意焊锡不要掉落在开关、导线等表面，以免造成线路短路。

二、实训工单

项目3	物流终端系统的安装与调试	成绩	

操作组别：_____ 质检员：_____

操作员：_____

操作实训台架名称：_____

一、项目准备

1. 清理工具：　　□数量相符　□缺少　　处理意见：_____
2. 整理场地6S：　□符合要求　□不符合要求　处理意见：_____
3. 检查实训台架：□符合要求　□不符合要求　处理意见：_____
4. 仔细阅读安全操作规程。

　　已仔细阅读安全操作规程并确认会严格遵守。　　签名_____

二、操作步骤

布线图的绘制

1. 快速插头数量的确定。

实训台架中门磁感应器插头数量：____个，插头类型____（公、母）。

　　　　　　温度传感器插头数量：____个，插头类型____（公、母）。

　　　　　　物流信息终端插头数量：____个，插头类型____（公、母）。

　　　　　　　　主电源插头数量：____个，插头类型____（公、母）。

2. 导线长度的测量。

实训台架 e 段导线长度为____ cm，f 段长度为____ cm，g 段长度为____ cm 预留长度为____ cm。

3. 布线图。

（续）

线束的制作				

1. 导线的选择与裁剪。

根据布线图选择合适的导线，完成下表的填写。

序号	颜色	截面积/mm^2	长度/cm	数量/根

2. 快速插头的制作。

本项目需要用到的快速插头数量和类型为：

颜色____类型____（公/母）数量____个；

颜色____类型____（公/母）数量____个；

颜色____类型____（公/母）数量____个；

颜色____类型____（公/母）数量____个；

颜色____类型____（公/母）数量____个。

3. 线束的制作。

线束的连接

1. 门磁感应器的连接。

信号插头颜色：_____；电源插头颜色：_____

2. 温度传感器的连接。

信号插头颜色：_____；电源插头颜色：_____

3. 物流信息终端的连接。

温度传感器插头颜色：_____

门磁感应器插头颜色：_____

电源插头颜色：_____

4. 主电源的连接。

电源插头颜色：_____

（续）

相关信号的测量

使用万用表对实训台架前端的门磁感应器、温度传感器、物流信息终端的信号进行测量，完成下表的填写。

序号	测量点		标准值/V	测量值/V	误差原因
门磁感应器					
1	门磁信号	永磁门边靠近	12		
2		永磁门边离开	0		
温度传感器					
3	电源	红色	5		
4	信号	黄色	约2.86		
物流信息终端-门磁感应器					
5	电源	红色	0		
6	信号	永磁门边靠近	12		
7		永磁门边离开	0		
物流信息终端-温度传感器					
8	电源	红色	5		
9	信号	黄色	约2.86		

平台连接与信息查看

1. 平台的打开。

2. 定位与信息查看。

在监控平台中，定位物流终端的方法是：

在监控平台中，查看物流终端采集信息的方法是：

实践小结

我的收获	
我的困惑	
我的建议	

项目 4
智能硬盘录像机的安装与调试

一、操作注意事项

进行智能硬盘录像机的安装与调试实训之前，确认已熟悉以下安全规程：

⚠ **警告**：违反下列规程，可能会导致人身伤害。

1）禁止用手或金属接触实训台架柜体内左侧的交流电源插座。
2）禁止用手或金属接触实训台架柜体内的开关电源 AC 220V 的插头。
3）在进行接线操作时请保持手或工具的干燥。

⚠ **注意**：违反下列规程，可能会导致实训台架损坏。

在操作过程中防止工具或金属配件掉落至插座、开关电源、计算机中。在焊接过程中，要注意焊锡不要掉落在开关、导线等表面，以免造成线路短路。

二、实训工单

项目4	智能硬盘录像机的安装与调试	成绩	

操作组别：_____质检员：_____

操作员：_____

操作实训台架名称：_____

一、项目准备

1. 清理工具：　　　□数量相符　□缺少　　　　处理意见：_____
2. 整理场地6S：　□符合要求　□不符合要求　处理意见：_____
3. 检查实训台架：□符合要求　□不符合要求　处理意见：_____
4. 仔细阅读安全操作规程。
   已仔细阅读安全操作规程并确认会严格遵守。　　签名_____

二、操作步骤

布线图的绘制

1. 快速插头数量的确定。

实训台架中汽车功能线插头数量：____个，插头类型____ （公、母）。

2. 导线长度的测量。

实训台架 h 段导线长度为____ cm，i 段长度为____ cm，j 段导线长度为____ cm，k 段长度为____ cm，预留长度为____ cm。

3. 布线图。

（续）

线束的制作

1. 导线的选择与裁剪。

根据布线图选择合适的导线，完成下表的填写。

序号	颜色	截面积/mm^2	长度/cm	数量/根

2. 快速插头的制作。

本项目需要用到的快速插头数量为和类型为：

颜色____类型____（公/母）数量____个；

颜色____类型____（公/母）数量____个；

颜色____类型____（公/母）数量____个；

颜色____类型____（公/母）数量____个；

颜色____类型____（公/母）数量____个。

3. 线束的制作。

线束的连接

1. 使用万表表，测量和查找出相应的汽车功能线，并使用标签纸做好标注。

2. 根据学习手册的相关资料，查找智能硬盘录像机各端口的定义。

智能硬盘录像机使用的端口引脚序号和导线颜色记录如下：

（续）

智能硬盘录像机信号的测量

使用万用表对实训台架前端的汽车功能信号进行测量，完成下表的填写。

序号	测量点		标准值/V	测量值/V	误差原因
硬盘录像机主机测量区视频信号输入测量点					
1	电源	红色	12		
2	信号	黄色	1		
硬盘录像机主机测量区电源测量点					
3	电源	红色	12		
4	ACC	黄色	12		
硬盘录像机主机测量区视频输出测量点					
5	信号	黄色	0.36		
摄像头测量区测量点					
6	电源	红色	12		
7	信号	黄色	1		
显示屏检测区测量点					
8	电源	红色	12		
9	信号	黄色	0.36		
10	信号	信号地（搭铁）	0		

硬盘录像机视频查看

1. 根据学习手册资料，正确地进行遥控器的使用。

2. 操作摇控器，对智能硬盘录像机视频进行查看，验证线束连接是否正确。

智能硬盘录像机连接是：正确/错误。

错误的位置有：

实践小结

我的收获	
我的困惑	
我的建议	

项目 5
智能公交报站器的安装与调试

一、操作注意事项

进行智能公交报站器的安装与调试实训之前，确认已熟悉以下安全规程：

⚠️ **警告**：违反下列规程，可能会导致人身伤害。

1）禁止用手或金属接触实训台架柜体内左侧的交流电源插座。
2）禁止用手或金属接触实训台架柜体内的开关电源 AC 220V 的插头。
3）在进行接线操作时请保持手或工具的干燥。

⚠️ **注意**：违反下列规程，可能会导致实训台架损坏。

在操作过程中防止工具或金属配件掉落至插座、开关电源、计算机中。在焊接过程中，要注意焊锡不要掉落在开关、导线等表面，以免造成线路短路。

二、实训工单

项目 5	智能公交报站器的安装与调试	成绩	

操作组别：_____ 质检员：_____

操作员：_____

操作实训台架名称：_____

一、项目准备

1. 清理工具： □数量相符 □缺少 处理意见：_____
2. 整理场地 6S： □符合要求 □不符合要求 处理意见：_____
3. 检查实训台架： □符合要求 □不符合要求 处理意见：_____
4. 仔细阅读安全操作规程。
  已仔细阅读安全操作规程并确认会严格遵守。 签名_____

二、操作步骤

布线图的绘制

1. 快速插头数量的确定。
实训台架中门磁感应器插头数量：____个，插头类型____（公、母）。
  智能公交报站器主机插头数量：____个，插头类型____（公、母）。
  LCD 信息调度屏插头数量：____个，插头类型____（公、母）。
  主电源插头数量：____个，插头类型____（公、母）。
2. 导线长度的测量。
实训台架 g 段导线长度为____ cm，h 段长度为____ cm，i 段长度为____ cm
预留长度为____ cm。
3. 布线图。

（续）

线束的制作

1. 导线的选择与裁剪

根据布线图选择合适的导线，完成下表的填写。

序号	颜色	截面积/mm²	长度/cm	数量/根

2. 快速插头的制作。

本项目需要用到的快速插头数量为和类型为：

颜色____类型____（公/母）数量____个；

颜色____类型____（公/母）数量____个；

颜色____类型____（公/母）数量____个；

颜色____类型____（公/母）数量____个；

颜色____类型____（公/母）数量____个。

3. 线束的制作。

线束的连接

1. 声音输出的连接。

信号插头颜色：_____；电源插头颜色：_____

2. 扬声器的连接。

信号插头颜色：_____；电源插头颜色：_____

3. 智能公交报站器主机电源供电与控制。

信号插头颜色：_____；电源插头颜色：_____

4. 智能公交报站器主机与 LCD 通信的连接。

信号 1 插头颜色：_____

信号 2 插头颜色：_____

电源插头颜色：_____

（续）

5. LCD 信息调度屏的连接。

信号 1 插头颜色：＿＿＿＿＿＿＿＿＿＿＿＿＿

信号 2 插头颜色：＿＿＿＿＿＿＿＿＿＿＿＿＿

电源插头颜色：＿＿＿＿＿＿＿＿＿＿＿＿＿

4. 主电源与控制端的连接。

电源插头颜色：＿＿＿＿＿＿＿＿＿＿＿＿＿

ACC 插头颜色：＿＿＿＿＿＿＿＿＿＿＿＿＿

相关信号的测量

使用万用表对实训台架前端的智能公交报站器主机、LCD 信息调度屏的信号进行测量，完成下表的填写。

序号	测量点		标准值/V	测量值/V	误差原因
智能公交报站器主机-电源供电与控制测量					
1	红色	电源	12		
2	黄色	ACC	12		
3	黑色	电源搭铁	0		
智能公交报站器主机与 LCD 通信信号测量					
4	红色	电源输出	12		
5	黄色	信号 1	5		
6	绿色	信号 2	0		
7	黑色	电源搭铁	0		
智能公交报站器主机-声音输出测量					
8	黄色	信号 1 +	6		
9	绿色	信号 1 –	6		
10	黄色	信号 2 +	6		
11	绿色	信号 2 –	6		
LCD 信息调度屏测量区					
12	红色	信息调度屏电源	12		
13	黄色	信号 1	5		
14	绿色	信号 2	0		

（续）

平台测试
1. 装入 SIM。
2. 使用 PC 端软件添加设备的站点。
3. 操作 LCD 信息调度屏进行进站、出站测试

实践小结	
我的收获	
我的困惑	
我的建议	

项目 6
智能 DVD 导航的安装与调试

一、操作注意事项

进行 DVD 导航的安装与调试实训之前，确认已熟悉以下安全规程：

⚠️ **警告：违反下列规程，可能会导致人身伤害。**

1）禁止用手或金属接触实训台架柜体内左侧的交流电源插座。
2）禁止用手或金属接触实训台架柜体内的开关电源 AC 220V 的插头。
3）在进行接线操作时请保持手或工具的干燥。

⚠️ **注意：违反下列规程，可能会导致实训台架损坏。**

在操作过程中防止工具或金属配件掉落至插座、开关电源、计算机中。在焊接过程中，要注意焊锡不要掉落在开关、导线等表面，以免造成线路短路。

二、实训工单

项目 6	智能 DVD 导航的安装与调试	成绩	

操作组别：_____ 质检员：_____

操作员：_____

操作实训台架名称：_____

一、项目准备

1. 清理工具：　　□数量相符　□缺少　　　处理意见：_____
2. 整理场地 6S：　□符合要求　□不符合要求　处理意见：_____
3. 检查实训台架：□符合要求　□不符合要求　处理意见：_____
4. 仔细阅读安全操作规程。

　　已仔细阅读安全操作规程并确认会严格遵守。　　签名_____

二、操作步骤

布线图的绘制

1. 快速插头数量的确定。

实训台架中倒车摄像头插头数量：____个，插头类型____（公、母）。

　　　　　　喇叭插头数量：____个，插头类型____（公、母）。

　　　　汽车功能线插头数量：____个，插头类型____（公、母）。

　　DVD 导航主机插头数量：____个，插头类型____（公、母）。

2. 导线长度的测量。

实训台架 a 段导线长度为____ cm，b 段长度为____ cm，c 段长度为____ cm，d_1 段长度为____ cm，d_2 段长度为____ cm，e 段长度为____ cm，预留长度为____ cm。

3. 布线图。

（续）

线束的制作

1. 导线的选择与裁剪。

根据布线图选择合适的导线，完成下表的填写。

序号	颜色	截面积/mm²	长度/cm	数量/根

2. 快速插头的制作。

本项目需要用到的快速插头数量和类型为：

颜色＿＿＿类型＿＿＿（公/母）数量＿＿＿个；

颜色＿＿＿类型＿＿＿（公/母）数量＿＿＿个；

颜色＿＿＿类型＿＿＿（公/母）数量＿＿＿个；

颜色＿＿＿类型＿＿＿（公/母）数量＿＿＿个；

颜色＿＿＿类型＿＿＿（公/母）数量＿＿＿个。

3. 线束的制作。

线束的连接

1. 倒车摄像头的连接。

地（搭铁）线插头颜色：＿＿＿＿＿＿＿＿；倒车电源插头颜色：＿＿＿＿＿＿＿＿

2. 多媒体喇叭的连接。

信号插头颜色：＿＿＿＿＿＿＿＿

3. 智能 DVD 导航的连接

电源插头颜色：＿＿＿＿＿＿＿＿＿＿＿＿＿＿

倒车信号插头颜色：＿＿＿＿＿＿＿＿＿＿＿＿

ACC 信号插头颜色：＿＿＿＿＿＿＿＿＿＿＿＿

多媒体喇叭插头颜色：＿＿＿＿＿＿＿＿＿＿＿

4. 汽车功能线的连接

电源插头颜色：＿＿＿＿＿＿＿＿＿＿＿＿＿＿

（续）

倒车信号插头颜色：_____

ACC 信号插头颜色：_____

相关信号的测量

使用万用表对实训台架前端的倒车摄像头、汽车功能线的信号进行测量，完成下表的填写。

汽车功能线信号测量表

序号	测量点	标准值/V	测量值/V	误差原因
1	ACC	12		
2	倒车	12		

倒车摄像头信号测量表

序号	测量点	标准值/V	测量值/V	误差原因
1	倒车电源	12		

智能 DVD 导航主机的调试

1. 倒车辅助功能的测试。

2. 娱乐影音功能的测试。

智能 DVD 导航主机进入倒车辅助模式的操作方法是：

播放 SD 卡音乐，测试多媒体喇叭的操作方法是：

实践小结

我的收获	
我的困惑	
我的建议	

项目 7
智能防盗终端的安装与调试

一、操作注意事项

进行智能防盗终端的安装与调试实训之前，确认已熟悉以下安全规程：

⚠️ **警告**：违反下列规程，可能会导致人身伤害。

1）禁止用手或金属接触实训台架柜体内左侧的交流电源插座。
2）禁止用手或金属接触实训台架柜体内的开关电源 AC 220V 的插头。
3）在进行接线操作时请保持手或工具的干燥。

⚠️ **注意**：违反下列规程，可能会导致实训台架损坏。

在操作过程中防止工具或金属配件掉落至插座、开关电源、计算机中。在焊接过程中，要注意焊锡不要掉落在开关、导线等表面，以免造成线路的短路故障。

二、实训工单

项目 7	智能防盗终端的安装与调试	成绩	

操作组别：＿＿＿＿＿＿＿＿＿＿＿＿＿　质检员：＿＿＿＿＿＿＿＿＿＿＿＿

操作员：＿＿＿＿＿＿＿＿＿＿＿＿＿＿＿＿＿＿＿＿＿＿＿＿＿＿＿＿＿＿

操作实训台架名称：＿＿＿＿＿＿＿＿＿＿＿＿＿＿＿＿＿＿＿＿＿＿＿＿

一、项目准备

1. 清理工具：　　　□数量相符　　□缺少　　　处理意见：＿＿＿＿＿＿＿
2. 整理场地 6S：　□符合要求　□不符合要求　处理意见：＿＿＿＿＿＿＿
3. 检查实训台架：□符合要求　□不符合要求　处理意见：＿＿＿＿＿＿＿
4. 仔细阅读安全操作规程。

　　已仔细阅读安全操作规程并确认会严格遵守。　　签名＿＿＿＿＿＿＿

二、操作步骤

布线图的绘制

1. 快速插头数量的确定。

实训台架中智能防盗终端插头数量：＿＿＿个，插头类型＿＿＿（公、母）。

　　　　　　　防盗喇叭插头数量：＿＿＿个，插头类型＿＿＿（公、母）。

　　　　　　　拾音器插头数量：＿＿＿个，插头类型＿＿＿（公、母）。

　　　　　　　汽车功能线插头数量：＿＿＿个，插头类型＿＿＿（公、母）。

2. 导线长度的测量。

实训台架 a_1 段导线长度为＿＿＿ cm，a_2 段长度为＿＿＿ cm，b 段长度为＿＿＿ cm，c 段长度为＿＿＿ cm，d 段长度为＿＿＿ cm，预留长度为＿＿＿ cm。

3. 布线图。

（续）

线束的制作				

1. 导线的选择与裁剪。

根据布线图选择合适的导线，填写下表。

序号	颜色	截面积/mm^2	长度/cm	数量/根

2. 快速插头的制作。

本项目需要用到的快速插头数量和类型为：

颜色＿＿＿类型＿＿＿（公/母）数量＿＿＿个；

颜色＿＿＿类型＿＿＿（公/母）数量＿＿＿个；

颜色＿＿＿类型＿＿＿（公/母）数量＿＿＿个；

颜色＿＿＿类型＿＿＿（公/母）数量＿＿＿个；

颜色＿＿＿类型＿＿＿（公/母）数量＿＿＿个。

3. 线束的制作。

线束的连接

1. 智能防盗终端的连接。

电源插头颜色：＿＿＿＿＿＿＿＿＿＿；地（搭铁）线插头颜色：＿＿＿＿＿＿＿＿＿

断油电插头颜色：＿＿＿＿＿＿＿＿＿；ACC 信号插头颜色：＿＿＿＿＿＿＿＿＿

行李舱门开关插头颜色：＿＿＿＿＿＿；远程开锁：＿＿＿＿＿＿＿＿＿

原车关锁插头颜色：＿＿＿＿＿＿＿；远程关锁插头颜色：＿＿＿＿＿＿＿＿＿

门控开关：＿＿＿＿＿＿＿＿＿；左、右转插头颜色：＿＿＿＿＿＿＿＿＿

防盗喇叭插头颜色：＿＿＿＿＿＿＿；拾音器插头颜色：＿＿＿＿＿＿＿＿＿

2. 防盗喇叭的连接。

防盗喇叭插头颜色：＿＿＿＿＿＿＿＿＿

3. 拾音器的连接。

拾音器插头颜色：＿＿＿＿＿＿＿＿＿

（续）

4. 汽车功能线的连接。

电源插头颜色：＿＿＿＿＿＿＿＿＿；地（搭铁）线插头颜色：＿＿＿＿＿＿＿＿＿

断油电插头颜色：＿＿＿＿＿＿＿＿＿；ACC 信号插头颜色：＿＿＿＿＿＿＿＿＿

行李舱门开关插头颜色：＿＿＿＿＿＿；远程开锁：＿＿＿＿＿＿＿＿＿

原车关锁插头颜色：＿＿＿＿＿＿＿；远程关锁插头颜色：＿＿＿＿＿＿＿

门控开关：＿＿＿＿＿＿＿＿＿＿；左、右转插头颜色：＿＿＿＿＿＿＿

相关信号的测量

使用万用表对实训台架前端的汽车功能线、智能防盗终端、拾音器的信号进行测量，完成下表的填写。

汽车功能信号表

序号	测量点	标准值/V	测量值/V	误差原因
1	左转	12		
2	右转	12		
3	倒车	12		
4	远程开关	12		
5	远程关锁	12		
6	车门	12		
7	行李舱门	12		
8	ACC	12		

拾音器信号表

序号	测量点	标准值/V	测量值/V	误差原因
1	信号	无		

智能防盗终端信号表

序号	测量点	标准值/V	测量值/V	误差原因
1	电源	12		
2	ACC	12		
3	断油电	0		
4	左转	12		
5	右转	12		
6	倒车	12		
7	远程工关	12		
8	远程关锁	12		
9	车门	12		
10	行李舱门	12		

（续）

智能防盗终端与平台的连接

1. 平台的启动。
2. 私家车智能防盗终端的在线监控。

打开智能防盗终端监控界面的操作方法是：

远程"断油路"的操作方法是：

远程"恢复油路"的操作方法是：

远程"设置防盗"和"撤出防盗"的方法是：

远程设置"防盗报警号码"的方法是：

远程"清除防盗报警号码"的方法是：

实践小结	
我的收获	
我的困惑	
我的建议